现代兵器
百科图鉴系列

# 现代枪械
## 大百科（图鉴版）
《深度军事》编委会 编著

### （第2版）

U0274919

清华大学出版社
北京

## 内 容 简 介

本书精心选取了二战以来世界各国研制的200余款经典枪械,现代军队的主要枪种均有涉及,手枪、冲锋枪、步枪、机枪和霰弹枪等,每种枪械都简明扼要地介绍了研制时间、主要构造、作战性能、使用单位等知识。

本书结构严谨、分析讲解透彻、图片精美丰富、版式新颖别致,不仅适合资深军事爱好者阅读和收藏,还可作为少年儿童的军事启蒙读物。

**图书在版编目(CIP)数据**

现代枪械大百科:图鉴版 /《深度军事》编委会编著. —2版. —北京:清华大学出版社,2019(2025.1重印)
(现代兵器百科图鉴系列)
ISBN 978-7-302-51812-9

Ⅰ.①现… Ⅱ.①深… Ⅲ.①枪械—世界—图集 Ⅳ. ①E922.1-64

中国版本图书馆CIP数据核字(2018)第280460号

责任编辑:李玉萍
封面设计:李 坤
责任校对:张彦彬
责任印制:杨 艳

出版发行:清华大学出版社
　　　　　网　　　址:https://www.tup.com.cn, https://www.wqxuetang.com
　　　　　地　　　址:北京清华大学学研大厦A座　　　　邮　　编:100084
　　　　　社 总 机:010-83470000　　　　　　　　　邮　　购:010-62786544
　　　　　投稿与读者服务:010-62776969, c-service@tup.tsinghua.edu.cn
　　　　　质量反馈:010-62772015, zhiliang@tup.tsinghua.edu.cn
印 装 者:北京博海升彩色印刷有限公司
经　　销:全国新华书店
开　　本:190mm×260mm　　印　　张:18.75　　字　　数:238千字
版　　次:2015年7月第1版　　2019年9月第2版　　印　　次:2025年1月第14次印刷
定　　价:79.00元

产品编号:081681-02

前言
Preface

世界战争史表明，武器技术的发展对战争模式的影响非常巨大。毫不夸张地说，在人类过去数百年间的战争里，枪械都扮演了非常重要的角色。早期的枪械因为射速慢、精度差、对射击姿势限制很大，所以它只是继承了弩的地位，并没有能够取代矛、剑等格斗武器，也没能取代弓箭。因此，14世纪到19世纪前期通常被称为火器与冷兵器并用时代。

到了19世纪，随着枪械技术的不断发展，冷兵器开始走向衰落。在19世纪中期多场战争，如美墨战争、美国南北战争、普丹战争、普奥战争、普法战争、北美印第安战争等，枪械首次发挥其压倒性的战斗力，把以往枪械和冷兵器并用的战争模式彻底改变，世界各国争相开发和购置新式枪械。

19世纪末开始，枪械的各项技术日趋成熟，小型速射枪械几乎出现在所有类型的战斗中。为了应付枪林弹雨的威胁，战车也开始出现，反过来促成了比传统枪械更具单发破坏力的广义轻武器出现，也开始超越了狭义枪械的境界。20世纪上半叶的两次世界大战，也不断催化各类枪械的发展。时至今日，尽管各种高科技武器不断出现，但枪械仍然在现代军队中占据着重要位置。

2015年，我社推出了"现代兵器百科图鉴系列"图书，其中《现代枪械大百科（图鉴版）》一书对二战以来世界各国制造的两百余款经典枪械进行了全面介绍，涵盖手枪、冲锋枪、步枪、卡宾枪、机枪和霰弹枪等多个类别。每种枪械都简明扼要地介绍了研制时间、主要构造、作战性能、使用单位等知识，并配有精美而丰富的鉴赏图片。由于内容全面、图文并茂、印刷精美，在市场上获得了不错的反响，是帮助读者了解现代枪械的得力助手。

不过，由于军事知识更新较快，在近两年里出现了不少新式枪械，而一些现役的枪械也在不断发生变化。针对这种情况，我社决定在第一版的基础上，虚心接受读者朋友们提出的意见和建议，推出内容更新更全的第2版。与第1版相比，第2版不仅新增了数十种枪械，还对第1版的过时信息进行了更新。

本书由《深度军事》编委会创作，参与本书编写的人员有黄成、阳晓瑜、陈利华、高丽秋、龚川、何海涛、贺强、胡姝婷、黄启华、黎安芝、黎琪、黎绍文、卢刚、罗于华等。在本书的编写过程中，我们在内容上进行了去粗取精去伪存真的筛选和甄别，使其更加符合客观事实；同时全书内容经过多位军事专家严格的筛选和审校，力求尽可能地准确、客观，便于读者阅读参考。由于时间和编者的经验有限，书中难免有疏漏和不足之处，恳请专家和读者不吝赐教。

本书赠送的图片及其他资源均以二维码形式提供，读者可以使用手机扫描右侧的二维码下载并观看。

# Contents 目录

## 冲锋枪 /CHAPTER 03

## 步枪 / CHAPTER 04

## 机枪 / CHAPTER 05

## 霰弹枪 / CHAPTER 06

# 01

CHAPTER

# 枪械漫谈

　　枪械是指利用火药燃气能量发射弹丸、口径小于 20 毫米的身管射击武器。它以发射枪弹、打击无防护或弱防护的有生目标为主。枪械是步兵的主要武器，也是其他兵种的辅助武器。枪械还广泛用于治安警卫、狩猎和体育比赛。

# 枪械的历史

　　早在公元 1259 年，中国就制成了用黑火药发射子窠 ( 铁砂、碎瓷片、石子、火药等的混合物 ) 的竹管突火枪，这是世界上最早的管形射击火器。随后，中国又发明了金属管形射击火器——火铳，使热兵器的发展进入一个新的阶段。

　　13 世纪，火药技术和金属管形火器开始传入欧洲，并在欧洲获得快速发展。到了 15 世纪，西班牙人研制出了火绳枪。火绳枪从枪口填装铁制或铅制弹丸与推进火药，以缓慢燃烧的火绳点燃点火火药 ( 类似底火 )，点火火药再引燃推进火药击发弹丸。

　　17 世纪初，法国人发明了燧发枪，解决了火绳枪雨天容易熄火、夜间容易暴露等弊端。最初的燧发枪是轮式燧发枪，用转轮同压在它上面的燧石摩擦点火，以后又出现了几种利用燧石与铁砧撞击点燃火药的撞击式燧发枪。同火绳枪相比，燧发枪具有射速快、口径小、枪身短、重量轻、后坐力小等特点，逐渐成为军队的主要武器。

·燧发枪·

　　1520 年，德国人发明了直线式线膛枪，又称来复枪。来复枪将膛线由直线形改为螺旋形，这样可使出膛的铅丸高速旋转，飞行更加稳定，从而提高了射击精度，增大了射程。1776 年，英国人帕特里克·弗格森制造了新的来复枪，除在枪膛内刻上来复线外，又在枪上安装了调整距离和瞄准的标尺，从而提高了射击命中率。

　　19 世纪初，人们发现雷汞以及含雷汞击发火药的火帽。把火帽套在带火孔的击砧上，打击火帽即可引燃膛内的火药，这就是击发式枪机。在 1812 年，法国出现了弹头、火药和纸弹壳组合一体的定装式枪弹，于是，人们开始从枪管尾部装填弹药。

1835 年，普鲁士人德莱赛成功地发明了后装式步枪，在使用时，射手用枪机从后面将子弹推入枪膛，在扣动扳机后枪机上的击针穿破纸弹壳并撞击底火，引燃发射药将弹丸击发。1867 年，德国成功制造了世界上第一支使用金属外壳子弹的机柄式步枪。这种枪有螺旋膛线，使用定装式枪弹，操纵枪机机柄可实现开锁、退壳、装弹和闭锁。

19 世纪末开始出现自动枪械，并被应用到一战中。1884 年，第一种现代意义上的自动枪械研制成功，这就是著名的马克沁重机枪。至此，自动枪械开始取代手动枪械，成为战场上的新宠。有了一战的前车之鉴，在二战中参战各国都装备了大量的自动武器，主要为机枪、冲锋枪和半自动步枪。这一时期传统的拉栓式步枪在火力上明显不足，逐渐被新发展出的半自动步枪和自动步枪取代。在二战前期单兵火力较弱的情况下，手枪在夜战和近战中也发挥了一定的作用。

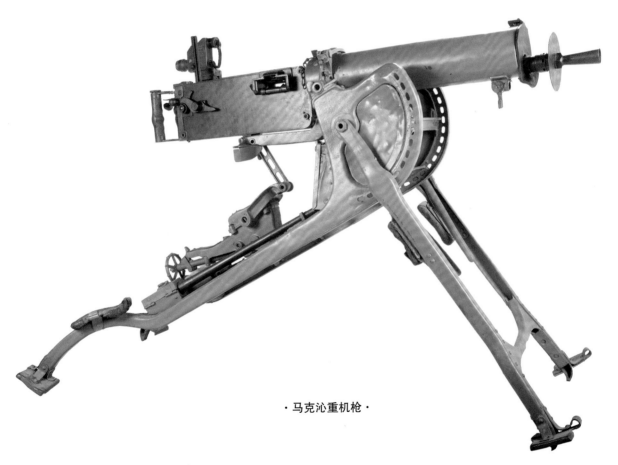

·马克沁重机枪·

在二战结束之后，枪械设计和制造工艺得到了飞速发展。现代步枪以突击步枪、狙击步枪、自动步枪和卡宾枪为主；机枪以重机枪、轻机枪和通用机枪为主；而冲锋枪在军事上的用途已经逐渐被突击步枪和卡宾枪所取代，目前主要装备特种部队和警察。

# 枪械的分类

## 手枪

　　手枪 (Hand Gun) 是一种由单手握持的小型枪械，主要用于近战和自卫，发射威力较小的手枪弹，杀伤距离一般为 50 米左右。

　　现代手枪主要有左轮手枪、半自动手枪、全自动手枪三种类型。左轮手枪是一种属于手枪类的小型枪械，其转轮一般有 5 ～ 6 个弹仓，子弹安装在弹仓中，可以逐发射击；半自动手枪又叫自动装填手枪，区别于全自动手枪，是指仅能自动装填弹药的单发手枪，即射手扣动一次扳机，只能发射一发枪弹；全自动手枪是可以连发射击的手枪，即手指按着扳机，可以连续射击，直到弹仓里没有子弹为止。

· 美国 M911 半自动手枪 ·

# 冲锋枪

　　冲锋枪 (Sub Machine Gun) 是一种发射手枪弹的短枪管轻型自动武器，有着短小轻便、火力凶猛、携弹量大的特点，是一种非常有效的冲击和反冲击武器。

　　冲锋枪使用的是手枪弹，比装药量较大的步枪弹后坐力小，但是这也造成了冲锋枪威力较小、有效射程较近的缺点。所以在突击步枪出现之后，冲锋枪逐渐被取代。目前，除了微型冲锋枪和微声冲锋枪仍有一定的生命力之外，普通的冲锋枪已经逐渐被突击步枪所取代。

· 美国英格拉姆 M10 冲锋枪 ·

## 步枪

步枪 (Rifle) 是单兵肩射的长管枪械，主要用于发射枪弹，杀伤暴露的有生目标，有效射程一般为 400 米。步枪也可用刺刀、枪托格斗，有的还可发射枪榴弹，具有点面杀伤和反装甲能力。传统步枪已经被淘汰，现代步枪主要分为突击步枪、狙击步枪以及卡宾枪。

突击步枪 (Assault Rifle) 是一种能够选择半自动和全自动射击模式的步枪，它专为战斗而设计，是现代士兵的标准武器；狙击步枪 (Sniper Rifle) 是一种远距离步枪，通常附带光学瞄准具，主要用于攻击远距离的高价值目标，通常为非自动和半自动；卡宾枪 (Carbine) 实际上是一种短管步枪，具有枪管短、重量轻、体积小的特点，其后坐力较低，在持续射击时可控性好。

## 霰弹枪

霰弹枪 (Shot Gun) 是一种没有膛线的发射霰弹的枪械。霰弹枪具有多种用途，不但能够发射霰弹，而且能用来发射其他弹药，如催泪弹、木棍弹等。

霰弹枪的外形与半自动步枪相似，不过霰弹枪的枪管非常粗大，其口径通常可达 18.2 毫米，而且霰弹枪大多没有可拆卸的弹匣。

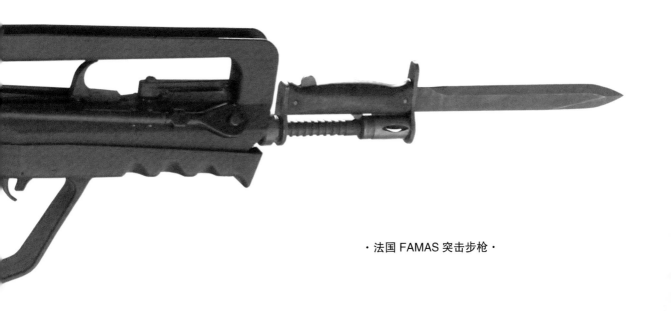

·法国 FAMAS 突击步枪·

·美国温彻斯特 1912 霰弹枪·

# 机枪

　　机枪(Machine Gun)是一种能快速连续射击的全自动枪械,可分为轻机枪、重机枪以及通用机枪等。

　　轻机枪 (Light Machine Gun) 主要以两脚架为依托进行抵肩射击，具有重量轻、机动性强的特点，可为步兵提供 500 米范围的火力支援；重机枪 (Heavy Machine Gun) 一般是指重量在 25 千克以上的机枪 ( 含三脚架 )，拥有较好的远距离射击精度和火力持续性，能有效地歼灭或压制 1000 米以内的敌方有生目标、火力点以及轻装甲目标，而且还具有一定的低空防空能力；通用机枪 (General Purpose Machine Gun) 是一种兼具重机枪和轻机枪特点的机枪，它不但拥有重机枪射程远、威力大、连续射击时间长的特点，还具备轻机枪携带方便、使用灵活的长处。

· 美国 M1917 重机枪 ·

· 俄罗斯 RPK 轻机枪 ·

· 美国 M60 通用机枪 ·

CHAPTER

02

手 枪

手枪是单人使用的自卫武器，能以其火力杀伤近距离内的有生目标。手枪由于短小轻便，携带安全，能突然开火，一直被世界各国军队和警察，主要是指挥员、特种兵以及执法人员等大量使用。

# 美国 M9 手枪

M9 手枪是意大利伯莱塔公司于 20 世纪 80 年代为美军设计的一款半自动手枪，由意大利伯莱塔 92F( 早期型 M9) 及伯莱塔 92FS 手枪衍生而成。

M9 手枪沿用伯莱塔 92F 手枪的设计，采用短行程后坐作用原理、单 / 双动扳机设计，以 15 发可拆式弹匣供弹，保险制及弹匣释放钮左右两面皆可操作。M9 手枪配发 M12 手枪套 ( 伯莱塔 UM84 手枪套系统中的一部分 )，但也有士兵采用其他手枪套。M9 手枪在风沙、尘土、泥浆及水中等恶劣战斗条件下的适应性强，其枪管的使用寿命高达 10000 发。2003 年，美国军方推出了 M9 手枪的改进型，将其命名为 M9A1，主要加入了皮卡汀尼导轨以对应战术灯、雷射指示器及其他附件。

■ 使用 M9 手枪进行射击训练的美国士兵

# 美国 M1911 手枪

　　M1911 手枪是由美国著名枪械设计师约翰·勃朗宁研制的一款半自动手枪，1911 年开始服役，曾经是美军在战场上常见的武器，经历了一战、二战以及二战后的多场局部战争。

　　M1911 手枪性能优秀，其 11.43 毫米的大口径能够确保在有效射程内快速让敌人失去战斗能力，而且该手枪的故障率很低，不会在关键时刻出问题，这两点对战斗手枪来说非常重要。此外，该手枪结构简单，零件数量较少，而且比较容易拆解，方便维护和保养。当然，M1911 半自动手枪也有一些缺点，如弹夹容量小，体积偏大和重量稍重，后坐力也偏大。

# 美国 MEU(SOC) 手枪

　　MEU(SOC) 手枪是美国海军陆战队专门为其陆战队远征队 (Marine Expeditionary Unit) 生产的半自动手枪，以陆战队偏爱的 1911 手枪为基础改进而来，这些手枪没有正式的定型，一律被称为 MEU(SOC) 手枪或 MEU 手枪。

　　MEU(SOC) 手枪使用政府型 M1911A1 的底把来改装，弧形的握把背板改为直线形，此外还有其他改进。MEU(SOC) 手枪的组件都是由手工装配，因此不能互换。武器的序列号最后四个数字分别印在枪管的顶部和套筒部件的右侧。早期的套筒在前端没有防滑纹，为了便于射手轻推套筒来确认膛内是否有弹，新的套筒在前面增加了防滑纹。该枪安装了一个纤维材料的后坐缓冲器，缓冲器可以降低后坐感，在速射时尤为有利。

# 美国 Bren Ten 手枪

Bren Ten 手枪是美国多诺斯和迪克逊公司研制的 10 毫米口径的半自动手枪，以捷克斯洛伐克 CZ 75 手枪为基础改进而来，1983 年开始生产。由于 Bren Ten 手枪是纯手工生产和装配，所以产量非常低。

Bren Ten 手枪的整体设计基本上是由 CZ 75 手枪略为放大和改变口径而成的，结构原理和 CZ 75 手枪基本相同但略有改进。Bren Ten 手枪有单动或双动两种，并有自动击针保险。拇指操作的手动保险有待击解脱功能，个别型号安装有两侧手动保险。Bren Ten 手枪采用全可调节的三点式瞄具，枪身由不锈钢制成，表面分别有烤蓝或镀铬处理。Bren Ten 手枪是一种颇有争议的武器，许多兵器爱好者认为它是当时最好的手枪之一，但由于质量控制不太好，生产数量太少，这种手枪在维修时很难找到合适的弹匣或配件。

# 美国 Ruger P85 手枪

Ruger P85 手枪是美国儒格 (Ruger) 公司于 20 世纪 80 年代研制的半自动手枪，曾参加美军新一代制式手枪选型，但未能获胜。

Ruger P85 手枪的自动方式为枪管短后坐式，闭锁方式为枪管摆动式。该枪全长 198 毫米，枪管长 114.3 毫米，空枪重 0.934 千克，使用 15 发弹匣供弹，发射 9 毫米帕拉贝鲁姆枪弹。Ruger P85 手枪结构简单，只有 56 个零件，而且没有复杂的零件，分解或组装都十分方便。Ruger P85 手枪的耐用性好，其套筒与不锈钢枪管牢固地结合在一起。在测试中，Ruger P85 手枪发射 20000 发子弹后，枪械受力件没有出现破损，同时结构内部的运动件也没有出现明显的磨损痕迹。

# 美国 Ruger P345 手枪

Ruger P345 手枪是美国儒格公司研制的半自动手枪，旨在与已占领美国军警手枪市场的奥地利格洛克 37 手枪进行较量。

总体来说，P345 手枪的价格比格洛克 37 手枪便宜，具有一定的竞争力。在操作安全性方面，P345 手枪优于格洛克 37 手枪，但格洛克 37 手枪的扳机力要小得多。P345 手枪的握把适用于大部分射手握持，但握把的倾斜度不够，连续射击时不容易控制。格洛克 37 手枪的弹匣至少可装入 9 发枪弹，比 P345 手枪多 1 发。另外，格洛克 37 手枪使用的枪弹的质量较小，可高速、高动能地发射。美国军警部门虽然重视格洛克、伯莱塔等老品牌手枪，但也充分考虑到 P345 手枪的新颖性，特别是受到手掌较小和初级使用者的青睐。

# 美国 "灰熊" 手枪

  "灰熊" (Grizzly) 手枪是美国人派瑞·阿奈特在 20 世纪 80 年代初期研制的半自动手枪，其设计源于 M1911 半自动手枪，两者有许多部件可以互换。"灰熊" 手枪于 1999 年停止生产，但直到现在生产商仍然生产着相关的备用零件。

  "灰熊" 手枪使用威力更大的 11.43 毫米温彻斯特·玛格南枪弹，而不是 M1911 手枪的 11.43 毫米 ACP 枪弹。之后推出的 "灰熊" V 型手枪，还可以发射 11.17 毫米玛格南和 12.7 毫米 AE 枪弹。由于 "灰熊" 手枪的尺寸、重量和后坐力较大，因此主要用于狩猎和金属靶射击活动。

# 美国 PMR-30 手枪

PMR-30 手枪是美国凯尔 - 泰格 (Kel-Tec) 数控工业公司研制的全尺寸半自动手枪，在 2010 年向民用市场推出。

PMR-30 手枪不仅容易操控，而且弹匣容量大，足足有 30 发；但发射的枪弹尺寸很小，所以这个双排双进的塑料弹匣长度与普通 9 毫米口径手枪的 15 发双排弹匣差不多，但宽度要小很多，因此握把比 9 毫米口径手枪的要窄，手掌较小的人也能握得很稳。PMR-30 手枪采用回转式击锤击发，击锤藏在套筒内，从外面看不到，因此只能采用纯双动击发。该枪左右两侧都有手动保险，可用拇指操控。它的套筒为钢制，底把为聚合物，枪管表面有开槽，既为了减重，也是为了增加散热速度。

# 美国 FNX-45 手枪

FNX-45 手枪是比利时国营赫斯塔尔公司（FN）美国分公司于 2012 年推出的半自动手枪，分为一般型、紧凑型和战术型。

FNX-45 手枪一般型和紧凑型可以选择使用哑黑色或不锈钢处理的套筒；而战术型可以选择使用全沙色或哑黑色处理的套筒及底把，在套筒上的两个安装孔装上小型反射式瞄准镜，并在枪口装上消声器（不安装消声器时，可安装枪口螺纹保护环）。FNX 45 手枪的弹匣后方开了 12 个标示小孔，编号为 "4"～ "15"，可以让使用者更准确和快速地通过检视知道弹匣内的剩余子弹量。

# 美国 M500 左轮手枪

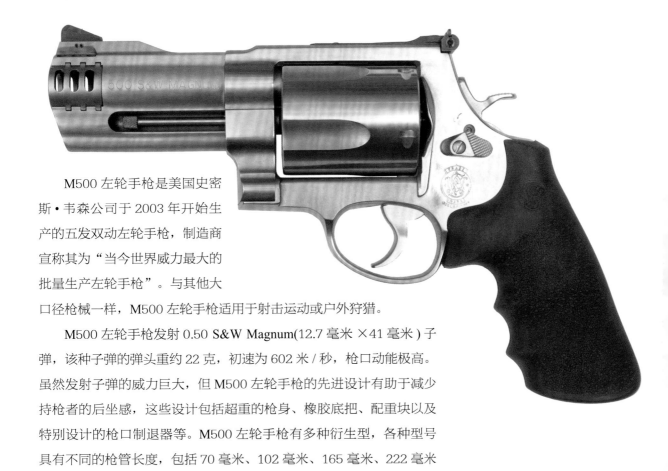

　　M500 左轮手枪是美国史密斯·韦森公司于 2003 年开始生产的五发双动左轮手枪，制造商宣称其为"当今世界威力最大的批量生产左轮手枪"。与其他大口径枪械一样，M500 左轮手枪适用于射击运动或户外狩猎。

　　M500 左轮手枪发射 0.50 S&W Magnum(12.7 毫米 ×41 毫米 ) 子弹，该种子弹的弹头重约 22 克，初速为 602 米 / 秒，枪口动能极高。虽然发射子弹的威力巨大，但 M500 左轮手枪的先进设计有助于减少持枪者的后坐感，这些设计包括超重的枪身、橡胶底把、配重块以及特别设计的枪口制退器等。M500 左轮手枪有多种衍生型，各种型号具有不同的枪管长度，包括 70 毫米、102 毫米、165 毫米、222 毫米和 267 毫米等。

# 美国 "阿拉斯加" 左轮手枪

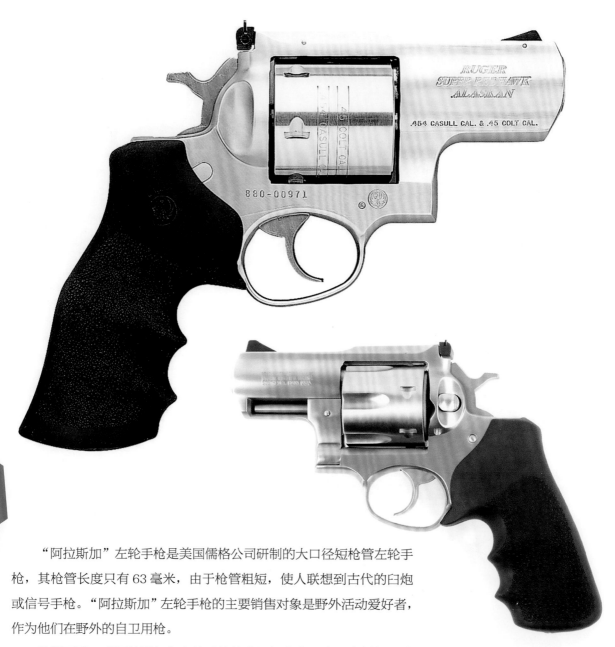

　　"阿拉斯加" 左轮手枪是美国儒格公司研制的大口径短枪管左轮手枪，其枪管长度只有 63 毫米，由于枪管粗短，使人联想到古代的臼炮或信号手枪。"阿拉斯加" 左轮手枪的主要销售对象是野外活动爱好者，作为他们在野外的自卫用枪。

　　从侧面看，"阿拉斯加" 左轮手枪的准星相当高，这是为缓解强劲的后坐力而采取的措施。弹头开始在枪管内移动的瞬间就产生后坐力，弹头越重，后坐力也越大。当弹头飞出枪口部时，枪口已开始朝上。"阿拉斯加" 左轮手枪的高准星已经将这一枪口的上跳距离预估在内，瞄准点处于实际弹着点的上方。

# 美国"蟒蛇"左轮手枪

"蟒蛇"(Python) 左轮手枪是美国柯尔特公司于 20 世纪 50 年代研制的左轮手枪，1955 年开始生产，2005 年停产。

"蟒蛇"是一把双动操作的左轮手枪，拥有兼具弹仓和膛室功能的转动式弹巢，可以装载、发射及承受威力及侵彻力强大的 0.357 玛格南手枪弹。"蟒蛇"有 2.5 英寸、3 英寸、4 英寸、6 英寸和 8 英寸等多种枪管，其中 6 英寸枪管是最热门和最普遍的一种，而 8 英寸枪管主要用于狩猎。"蟒蛇"左轮手枪最大的优点是精准度高，扳机顺畅而且很容易扣下，弹仓闭锁也较为紧密。

# 美国 FP-45 "解放者" 手枪

FP-45 "解放者" (Liberator) 手枪是一种非常简陋的单发滑膛手枪,这种手枪是二战期间美国战略情报局散发给被轴心国占领地区的抵抗组织所使用的简易武器。

FP-45 "解放者" 手枪的枪管制造得非常粗糙,也没有膛线,因此精度非常差,再加上每次只能打一发,因此使用者往往是拿着一把装好子弹的手枪躲藏在路边,等待落单敌人经过时突然跳出来在极近的距离射击要害部位,如果一枪不能击毙敌人,就没有机会再打第二枪了。相对于直接杀敌,FP-45 "解放者" 手枪更主要的用途是用来抢夺敌人的武器弹药。每把 FP-45 "解放者" 手枪连同 10 发弹药和一根小木棍被装在一个涂了石蜡的厚纸板盒内,用小木棍拆开纸盒可以看到一组绘画说明书,就算是不识字的人也可以按着图画操作。

# 俄罗斯"马卡洛夫"手枪

"马卡洛夫"手枪由尼古拉·马卡洛夫设计，20世纪50年代初成为苏联军队的制式手枪，1991年开始逐渐退出现役，但目前仍在俄罗斯和其他许多国家的军队及执法部门中被大量使用。

"马卡洛夫"手枪采用自由枪机式自动方式，结构比较简单，具有质量小、体积小和便于携带等优点。"马卡洛夫"手枪的击发机构为击锤回转式双动发射机构，保险装置有不到位保险，外部有手动保险机柄。"马卡洛夫"手枪采用固定式片状准星和缺口式照门，在15～20米内有最佳的射击精度和杀伤力。其钢制弹匣可装8发手枪弹，弹匣壁镂空，既减轻了重量，也便于观察余弹数，并有空仓挂机的能力。

# 俄罗斯"托卡列夫"手枪

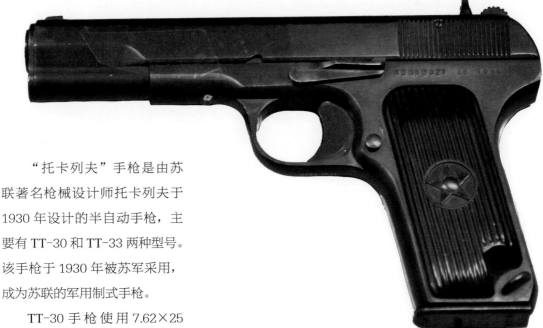

"托卡列夫"手枪是由苏联著名枪械设计师托卡列夫于1930年设计的半自动手枪，主要有 TT-30 和 TT-33 两种型号。该手枪于1930年被苏军采用，成为苏联的军用制式手枪。

TT-30 手枪使用 7.62×25 毫米口径手枪子弹，在外观和内部机械结构方面，与 FN M1903 手枪有异曲同工之妙，不同的是 TT-30 手枪发射子弹时枪机后坐距离较短。TT-30 手枪在开始生产后简化了一些设计，如枪管、扳机释放钮、扳机及底把等，更易于生产，这种改进型手枪名为 TT-33。为了降低生产成本，苏联在1946年再一次对 TT-33 进行了简化设计。总体来说，"托卡列夫"手枪具有火力强大、成本低廉、握持及携带方便、易于装配和拆卸及可靠性强等优点，而缺点在于没有保险装置，枪弹缺乏足够的制止力。

# 俄罗斯"斯捷奇金"自动手枪

　　"斯捷奇金"自动手枪 (Automaticheskij Pistolet Stechkin，APS) 是苏联于 20 世纪 50 年代研制的冲锋手枪，常常被称为斯捷奇金手枪。APS 在 1953—1954 年间大量装备给苏军的炮兵、坦克 / 装甲输送车的车组、步兵中的 RPG-7 射手、前线军官等军事人员，成为世界上唯一被列为制式军用装备的冲锋手枪。

　　为了在全自动射击时容易控制，APS 在握把内安装了一个插棒式弹簧缓冲器，并把套筒后坐行程延长到相当于马卡洛夫手枪弹长度的两倍，使理论射速降低到 600 发 / 分。为了进一步增大射程和提高全自动射击时的散布精度，APS 采用了一种可驳接到手枪上充当枪托的硬壳式枪套，既可以通过腰带卡把枪套挂在腰上，也可以通过手枪握把尾端的引导槽驳接枪套，当作枪托使用。

# 俄罗斯 PSS 微声手枪

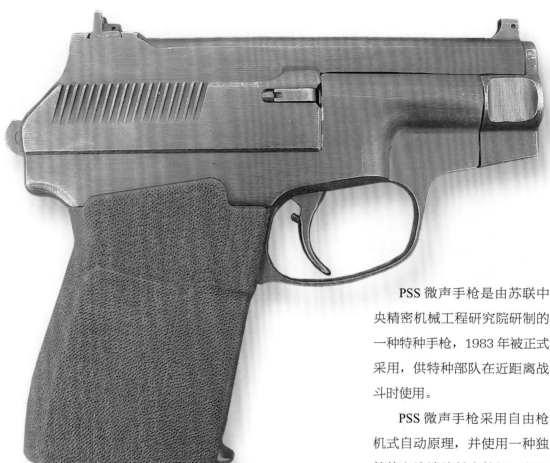

PSS 微声手枪是由苏联中央精密机械工程研究院研制的一种特种手枪,1983 年被正式采用,供特种部队在近距离战斗时使用。

PSS 微声手枪采用自由枪机式自动原理,并使用一种独特的方法消除射击特征。它没有在枪口安装消声器,而是发射一种特制的 7.62×42 毫米枪弹,平头弹头与弹壳前缘相连,发射时枪弹中的活塞将弹头推入枪管而活塞被弹壳的凹口卡住,这样所有的发射火焰和噪声都被限制在弹壳内。PSS 微声手枪采用整体式套筒,弹膛和枪管是分离的,并可后移 7 毫米。PSS 微声手枪带有空仓挂机机构,发射完最后一发枪弹后就处于开膛状态。

# 俄罗斯 MP-443 手枪

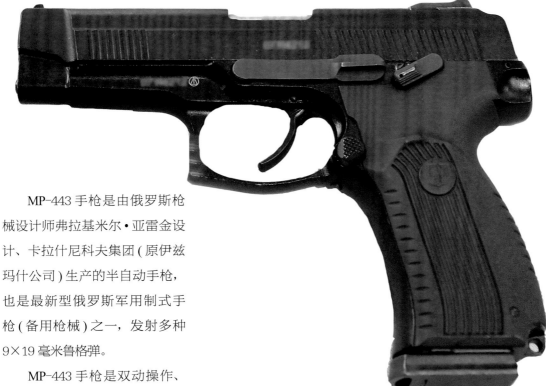

MP-443 手枪是由俄罗斯枪械设计师弗拉基米尔·亚雷金设计、卡拉什尼科夫集团 ( 原伊兹玛什公司 ) 生产的半自动手枪，也是最新型俄罗斯军用制式手枪 ( 备用枪械 ) 之一，发射多种 9×19 毫米鲁格弹。

MP-443 手枪是双动操作、短行程后坐作用式半自动手枪，主要部分是由金属制成 ( 不锈钢制枪管，碳钢制底把和套筒 )，而武器的握把护板则是由聚合物所制造。MP-443 手枪的击锤隐藏在套筒内，以防止在拔出手枪时被衣服和装备所缠绕，弹匣释放按钮的位置是在扳机护圈的后部，准星是在套筒上的固定部件，而且不可调节。MP-443 手枪使用 18 发大容量弹匣，为双排左右交错排列，单边出供弹弹式弹匣。总体而言，MP-443 手枪符合人体工程学，具有高度可靠性。

# 俄罗斯 GSh-18 手枪

GSh-18 手枪是由俄罗斯联邦仪器设计局于 20 世纪 90 年代研制和生产的半自动手枪，也是最新型俄罗斯军用制式手枪 ( 备用枪械 )，发射多种 9×19 毫米鲁格弹。GSh-18 的名字来源于它的设计者格里亚泽夫 (Gryazev) 和希普诺夫 (Shipunov)，而数字 18 则是表示其弹匣容量。

GSh-18 手枪的设计理念与奥地利格洛克手枪系列类似，总体而言，GSh-18 更像是一种操作简便的警用手枪。GSh-18 手枪大量导入高科技生产技术，以降低生产的复杂性，但由于需要使用现代材料和设备，因此其生产成本远高于 MP-443 手枪。GSh-18 手枪采用枪管短行程后坐作用，以及枪管凸轮偏转式闭锁结构，套筒和枪管是由不锈钢所制造，枪管具有 6 条多边形膛线。为了操作简便，GSh-18 手枪没有设置手动保险。

# 德国瓦尔特 PP/PPK 手枪

瓦尔特 PP 是由德国瓦尔特公司制造的半自动手枪，瓦尔特 PPK 是瓦尔特 PP 的改良型，尺寸略小。虽然两者都已经诞生了 80 余年，但仍是小型手枪的经典之作。

瓦尔特 PP/PPK 手枪能很好地满足高级军官、特工、刑事侦探人员的需求，它们的结构极简单，两枪的零件总数分别是 42 件和 39 件，而其中可以通用的零件为 29 件。瓦尔特 PP/PPK 手枪采用外露式击锤，配有机械瞄准具，套筒左右都有保险机柄，套筒座两侧加有塑料制握把护板，弹匣下部有一塑料延伸体，能让射手握得更牢固。瓦尔特 PP/PPK 手枪都使用 7.65 毫米柯尔特自动手枪弹。

# 德国瓦尔特 P38 手枪

瓦尔特 P38 手枪是由德国瓦尔特公司在 20 世纪 30 年代研制的一种 9 毫米口径半自动手枪，该枪在二战期间被广泛采用。尽管该枪的出现是为了取代成本昂贵的鲁格 P08 手枪，然而直到二战结束时也没有完全取代。

瓦尔特 P38 手枪运用了与多种现代半自动手枪类似的设计特点，包括意大利伯莱塔 92 手枪。瓦尔特 P38 为史上第一种采用闭锁式枪膛的手枪，射手能够预先在膛室内装入一发子弹，并以待击解脱杆把击锤拉回安全位置。在双动模式下，膛室内有一发子弹时，射手只需扣动扳机就能开火，但打第一枪的时候所需的扳机压力较大，因为扣扳机的同时会扳起击锤。而随后的射击则会透过其自动机制的循环而完成推弹入膛、抛壳和扳起击锤的步骤。

# 德国瓦尔特 P1 手枪

瓦尔特 P1 手枪是二战德军使用的瓦尔特 P38 手枪的改进型，有民用型和军用型两种，其中军用型于 1957 年成为德军制式武器。

瓦尔特 P1 手枪的自动方式为枪管短后坐式，闭锁方式为闭锁卡铁式，在套筒尾部、击锤上方设有指示杆，可指示膛内是否有弹。P1 手枪可以双动击发，也可以单动击发，有空仓挂机机构。与 P38 手枪不同，P1 手枪的套筒座用硬铝制成，击针也有所改进，故不能与 P38 手枪互换。P1 手枪发射 9 毫米帕拉贝鲁姆手枪弹，采用 U 形缺口照门表尺、片状准星。

# 德国瓦尔特 P5 手枪

瓦尔特 P5 手枪是德国瓦尔特公司于 20 世纪 70 年代末研制的半自动手枪，由二战时期著名的 P38 手枪改进而成。由于其可靠的设计，P5 手枪推出后立即成为联邦德国各区警队的制式手枪，并出口至美国民用市场。

P5 手枪沿用 P38 手枪的内部设计及闭锁系统，但加强骨架结构并加入了双后坐弹簧，加长了套筒长度及改用短枪管。为了保持准确度，在发射时枪管不会向上翘起，而是保持水平后移 5 ～ 10 毫米，P5 手枪采用单 / 双动扳机，击锤释放钮在机匣左面。P5 手枪最独特之处是退壳口与其他手枪相反，设于套筒左面。瓦尔特公司曾推出 7.65 毫米鲁格口径限量定制版本，附送原装 9 毫米口径枪管。

# 德国瓦尔特 P88 手枪

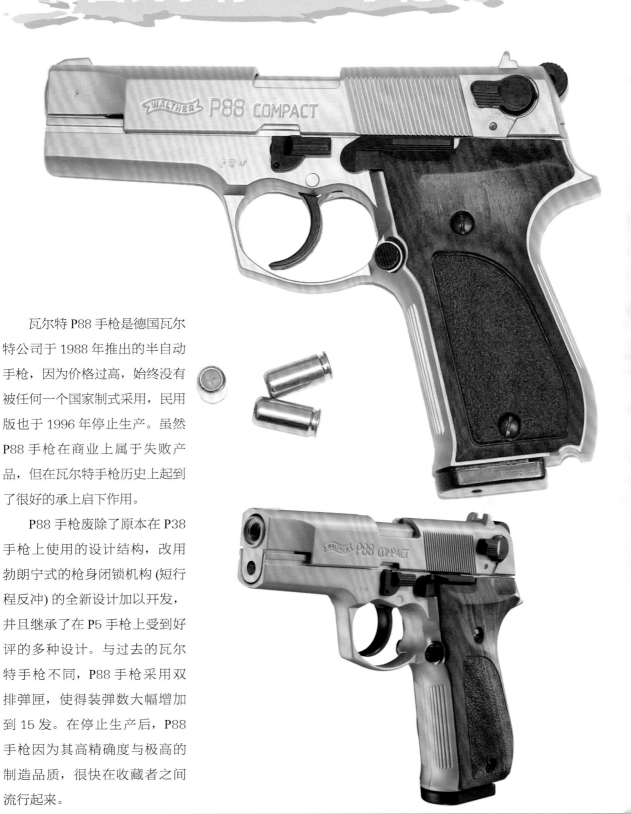

　　瓦尔特 P88 手枪是德国瓦尔特公司于 1988 年推出的半自动手枪，因为价格过高，始终没有被任何一个国家制式采用，民用版也于 1996 年停止生产。虽然 P88 手枪在商业上属于失败产品，但在瓦尔特手枪历史上起到了很好的承上启下作用。

　　P88 手枪废除了原本在 P38 手枪上使用的设计结构，改用勃朗宁式的枪身闭锁机构 (短行程反冲) 的全新设计加以开发，并且继承了在 P5 手枪上受到好评的多种设计。与过去的瓦尔特手枪不同，P88 手枪采用双排弹匣，使得装弹数大幅增加到 15 发。在停止生产后，P88 手枪因为其高精确度与极高的制造品质，很快在收藏者之间流行起来。

# 德国瓦尔特 P99 手枪

瓦尔特 P99 手枪是由德国瓦尔特公司制造的半自动手枪，是 P5 及 P88 手枪的后继产品。该手枪由 P88 手枪的结构改进而成，于 1994 年开始设计，1997 年正式推出。

P99 手枪采用后坐作用原理运作，标准版装有单双动扳机。早期的 P99 手枪有独特的击针设计，就算在非待发状态下按动扳机仍可击发，但后来又推出了必须在待发状态下才可击发的改进版本 P99QA。P99 手枪的材质十分特殊，握柄部分使用聚合物制造，而套筒部分使用钢材制造，并经过氮化处理，所以不论在抗磨损、抗金属疲劳还是在抗锈蚀上都具有优异的性能。

# 德国瓦尔特 P22 手枪

　　瓦尔特 P22 手枪是德国瓦尔特公司由 P99 手枪为基础制造的半自动手枪，发射 0.22 LR(5.6×15 毫米) 子弹。P22 手枪于 2003 年开始生产，现已被孟加拉国陆军的特种部队采用。

　　P22 手枪的外表和 P99 手枪相似，但体积比后者更小。该枪有多种色彩供用户选择，如黑色、橄榄色和灰白色等。P22 手枪的空枪重量为 430 克，全长 159 毫米，可采用 87 毫米枪管或 127 毫米枪管，采用 10 发可拆卸式弹匣供弹，有效射程为 50 米。P22 手枪使用机械瞄具，由缺口式照门及准星组成。

# 德国瓦尔特 PPQ 手枪

  瓦尔特 PPQ 手枪是德国瓦尔特公司为民间射击、安全部队和执法机关设计的半自动手枪，目的是为了取代过去的瓦尔特 P99 手枪。

  瓦尔特 PPQ 手枪采用枪管短后坐自动原理，使用的闭锁系统是从勃朗宁大威力手枪改进而来的凸轮闭锁系统，底把是由玻璃钢增强聚合物材料制造，套筒和其他部件为钢制。瓦尔特 PPQ 手枪设有三个保险装置，即扳机保险、内置式击针保险和快速保险功能。该枪套筒、抛壳口上方的开口具有上膛指示器，如果膛室内装弹的话，使用者可以很清楚地看到。

# 德国鲁格 P08 手枪

鲁格 P08 手枪由美籍德国人格奥尔格·鲁格于 1898 年设计，并于 1900 年由德国武器及弹药兵工厂投入生产。7.65 毫米口径的鲁格 P08 手枪于 1900 年 5 月被瑞士陆军选中并采用，而 9 毫米口径的版本在 1908 年正式被德国军队列装。

作为最早期的半自动手枪之一，鲁格 P08 手枪采用了较为独特的肘节式起落闭锁 (Toggle Lock) 设计，击发时枪机会像肘关节一样曲起。该枪具有两种口径可供选择，分别为 7.65×21 毫米口径型及 9 毫米口径型。1906 年，为了参与美军的新一代手枪选拔，鲁格也曾推出过发射 11.43×23 毫米枪弹的版本，但最后因败给了约翰·勃朗宁设计的手枪所以并没有投产。

# 德国毛瑟 C96 手枪

　　毛瑟 C96 手枪是德国毛瑟公司于 1896 年推出的半自动手枪，德军在两次世界大战中都有使用。该枪在 1939 年停止生产，总产量约 100 万把，其他国家也仿制了数百万把。

　　毛瑟 C96 手枪在击发时，后坐力使得枪管兼滑套及枪机向后运动，此时枪膛仍然是在闭锁状态。该枪由于闭锁榫前方是钩在主弹簧上，因此有一小段自由行程。由于闭锁机组上方的凹槽，使得闭锁榫向后运动时，只能顺时针向下倾斜，因此脱出了枪机凹槽。此时，枪管兼滑套因为闭锁榫仍套在其下，停止后退。枪机则因为闭锁榫脱出，得以自由行动，完成抛壳等动作，最后因力量用尽，复进簧将枪机推回、上弹，恢复到待击状态。毛瑟 C96 手枪非常有趣的一项特色是它的木制盒子枪套，将其倒装在握柄后，可立即变为冲锋枪。

# 德国毛瑟 HSc 手枪

毛瑟 HSc 手枪是德国毛瑟公司于 20 世纪 30 年代末为军用或警用而设计的 7.65 毫米口径半自动手枪，1940 年开始生产。二战期间，德国军队和警方曾大量装备这种手枪，尽管精加工受当时条件的限制，但它仍不失为一种设计合理、操作良好的手枪。

毛瑟 HSc 手枪是一种双动型手枪，外形和内部设计都很引人注目。该枪采用击锤回转击发，自动方式为自由枪机式，双动扳机设计。毛瑟 Hsc 手枪的套筒造型非常别致，套筒前方下部有一个斜面，与下方套筒座很好地结合在一起。握把的设计也有很好的人机功效，其后部向内凹陷的弧度非常大，有助于使用者握持。

# 德国 HK USP 手枪

HK USP 手枪是德国黑克勒－科赫公司研发的一种半自动手枪，该枪性能优秀，被世界多个国家的军队和警察采为制式武器。

HK USP 手枪由枪管、套筒座、套筒、弹匣和复进簧组件五个部分组成，共有 53 个零件。其滑套由整块高碳钢加工而成，表面经过高温和氮气处理，具有很强的防锈和耐磨性能。该枪的枪身由聚合塑胶制成，为避免滑套与枪身重量分布不均，在枪身内衬了钢架降低重心，以增强射击稳定性。HK USP 手枪的撞针保险和击锤保险为模块式，且扳机组带有多种功能，能依使用者的习惯进行选择。9 毫米型号的载弹量为 15 发，10 毫米型和 11.43 毫米型为 13 发和 12 发。该枪的结构合理，动作可靠，经过双重复进簧装置抵消后坐力，其快速射击时的精度也大大提高，而且还可加装多种战术组件，大大地增强了在特殊环境下的作战性能。

# 德国 HK 45 手枪

HK 45 手枪是由德国黑克勒 - 科赫公司于 2006 年设计、2007 年生产的半自动手枪，设计的目的是参加美军"联合战斗手枪"计划。该计划在 2006 年被中止，但黑克勒 - 科赫公司仍然继续改进 HK 45 手枪，并将其投入商业、执法机关和军事团体市场。

HK 45 手枪的套筒前端略向前倾斜，在底把的扳机护圈前方整合有皮卡汀尼导轨，握把前方带有手指凹槽。HK 45T( 战术型 ) 和 HK 45CT( 紧凑战术型 ) 还在枪管前预制了螺纹用于安装消声器。HK 45 手枪有可更换的握把背板，以适应使用者手掌的大小。目前，HK 45 手枪的弹匣容量是 10 发，HK 45C( 紧凑型 ) 的弹匣容量是 8 发。

# 德国 HK P7 手枪

　　HK P7 手枪是德国黑克勒－科赫公司研制的一种半自动手枪，其设计独特，采用了气体延迟反冲原理和握把保险装置。

　　HK P7 手枪与大多半自动手枪不同，它背离了传统手枪的结构设计，采用了气体延迟式闭锁机构，击发后，部分火药燃气从枪管弹膛前方的小孔进入枪管下方的气室内，当套筒开始后坐时，作用在与套筒前端相连的活塞上的火药燃气给套筒一个向前的力，这样就延迟了套筒的后坐，从而减轻了后坐震动，使工作更加平稳。此外，该枪在弹膛装弹的情况下也可以安全携带，在需要快速出枪时又可以立即解除保险进行射击。

# 德国 HK Mk 23 手枪

　　HK Mk 23 手枪是德国黑克勒－科赫公司根据美国特种作战司令部的要求而研制的进攻型手枪，1996 年 5 月正式交付，1996 年 12 月，民用型 HK Mk 23 手枪开始出售。

　　HK Mk 23 手枪与 HK USP 手枪的外形相似，大部分技术和生产工艺也是相同的，如已经申请专利的带有缓冲装置能减少 30% 后坐力的复进簧导杆、枪膛镀铬的多边形枪管、含 15% 玻璃纤维的聚酰胺套筒座、所有金属部件都有耐腐蚀涂层等。不过 HK Mk 23 手枪和 HK USP 手枪在结构上也是有很大差异的，首先 HK Mk 23 手枪比 HK USP 更大更长，而且 HK Mk 23 手枪露出一截带螺纹的枪管，便于安装消声器。HK USP 手枪的手动保险兼有击锤解脱杆的作用，而 HK Mk 23 手枪的手动保险和击锤解脱杆分别为两个独立部件。

# 德国 HK P2000 手枪

　　HK P2000 手枪是由德国黑克勒-科赫公司于2001年年底推出的半自动手枪，主要用于执法机关、准军事和民用市场，目前已被德国联邦警察、联邦特工以及美国海关和边境保卫局采用。

　　HK P2000 手枪是短后坐行程作用操作、闭膛待击的半自动手枪，大量采用耐高温、耐磨损的聚合物及钢材混合材料，以减轻重量和生产成本。与黑克勒-科赫公司新设计的其他手枪一样，HK P2000 手枪也采用模块化设计，以适应个别使用者的需要。例如，握把使用了模块化的可更换式后方握把片，这样使用者可以应其手掌大小而调节握把的形状和尺寸。

HK P2000 手枪在套筒下、扳机护圈前方的防尘盖整合了一条通用配件导轨，以安装各种战术灯、激光瞄准器和其他战术配件，安装时无须使用任何工具。

# 德国 HK VP70 手枪

　　HK VP70 手枪是德国黑克勒－科赫于 20 世纪 60 年代研制的自动手枪，VP 是德文 "Volkspistole" 的缩写，意为 "人民手枪"，70 是指正式公开的年份是 1970 年，不过正式推向市场是在 1973 年。HK VP70 有两个型号，即军用型 VP70M 和民用型 VP70Z。除了普遍的 9×19 毫米口径外，HK VP70 还有 9×21 毫米口径，但产量较少且大多数销往美国。

　　HK VP70 手枪是一种结构特殊的自动手枪：当单手射击时，可作为手枪使用；当将枪套作为枪托使用时，可作为冲锋枪使用，可进行三发控制点射。HK VP70 手枪的一个重要特点是双动结构，因此枪上没有保险装置，另一个特点是大量采用了塑料件和铝制件，如套筒座为塑料件，枪管座模压在套筒座上。

# 德国伯格曼 M1896 手枪

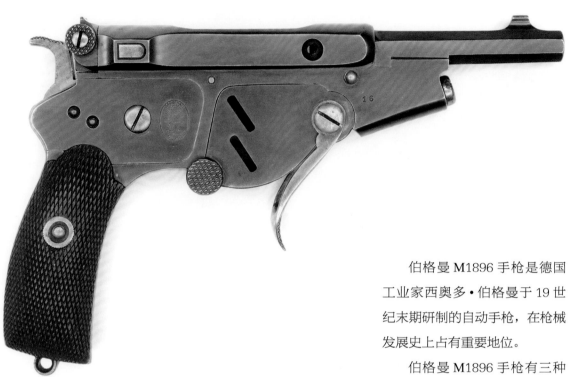

伯格曼 M1896 手枪是德国工业家西奥多·伯格曼于 19 世纪末期研制的自动手枪，在枪械发展史上占有重要地位。

伯格曼 M1896 手枪有三种型号，即口径为 5 毫米的 No.2 M1896 自动手枪、口径为 6.5 毫米的 No.3 M1896 自动手枪和口径为 8 毫米的 No.4 M1896 自动手枪，通常称为伯格曼 2 号、3 号、4 号手枪。这三种手枪除了口径和一些细微的差别外，基本上没有什么区别。其中，伯格曼 3 号手枪全长 241 毫米，枪管长 102 毫米，总重为 1.13 千克，弹容量为 5 发，初速为 381 米 / 秒，使用伯格曼设计的瓶形弹壳枪弹。所有的伯格曼 M1896 手枪都有一个共同的缺点，那就是弹药威力不足。

# 意大利伯莱塔 92 手枪

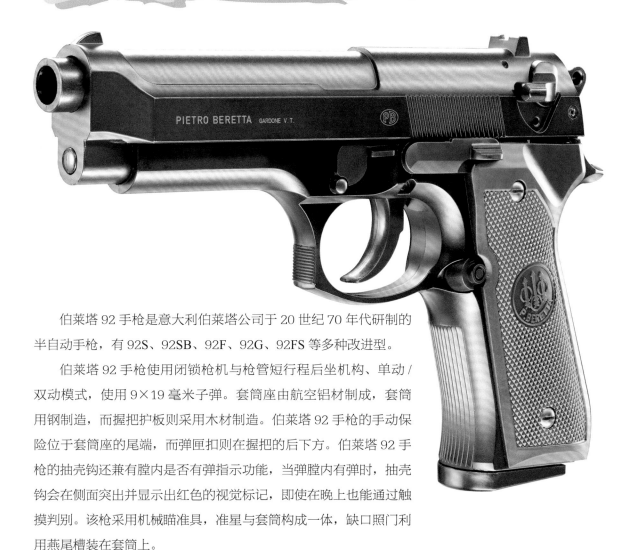

伯莱塔 92 手枪是意大利伯莱塔公司于 20 世纪 70 年代研制的半自动手枪，有 92S、92SB、92F、92G、92FS 等多种改进型。

伯莱塔 92 手枪使用闭锁枪机与枪管短行程后坐机构、单动 / 双动模式，使用 9×19 毫米子弹。套筒座由航空铝材制成，套筒用钢制造，而握把护板则采用木材制造。伯莱塔 92 手枪的手动保险位于套筒座的尾端，而弹匣扣则在握把的后下方。伯莱塔 92 手枪的抽壳钩还兼有膛内是否有弹指示功能，当弹膛内有弹时，抽壳钩会在侧面突出并显示出红色的视觉标记，即使在晚上也能通过触摸判别。该枪采用机械瞄准具，准星与套筒构成一体，缺口照门利用燕尾槽装在套筒上。

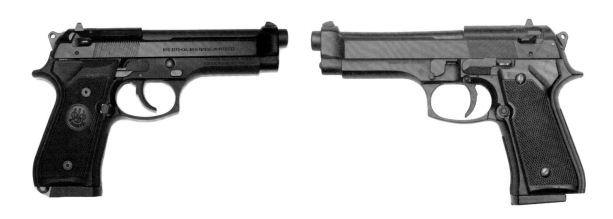

# 意大利伯莱塔 90TWO 手枪

伯莱塔 90TWO 手枪是意大利伯莱塔公司于 21 世纪初推出的半自动手枪，专为个人防卫和执法机关使用而设计。

伯莱塔 90TWO 手枪可以说是伯莱塔 92FS 手枪的现代型，虽然它保留了顶部敞开式套筒结构、枪管短行程后坐作用、卡铁摆动式闭锁机构、击锤回转击发式机构、只要将分解杆向下转 90 度就可取出套筒等传统结构，但也不乏创新之处，两者之间最明显的区别就是外观。伯莱塔 90TWO 手枪的握把与套筒座是由轻型合金所制造的整体结构，并在金属套筒座表面大部分使用聚合物材料覆盖。以计算机数控加工金属件，既确保了加工精确、耐用，又使金属件具有优秀的耐腐蚀性。

# 意大利伯莱塔 M1934 手枪

伯莱塔 M1934 手枪是伯莱塔公司于 20 世纪 30 年代研制的半自动手枪，1935 年被意大利军队正式列装，也是意大利军队在二战中的主要单兵自卫武器。

伯莱塔 M1934 手枪具有结构简单、坚固耐用、动作可靠和制造成本低等特点。该枪采用自由枪机式工作原理和外露式击锤，扳机为单动式，扳机连杆兼作解脱杆，发射机构为半自动式。套筒座左侧设有手动保险，该保险兼作套筒止动器，置于前方 "S" 位置为保险状态，置于后方 "F" 位置为射击状态，保险打开时仅锁住扳机，不会锁住阻铁与击针。弹匣为直式，容弹量 8 发，两侧有较大的长孔，可一目了然地观察到剩余的枪弹。伯莱塔 M1934 手枪的扳机与握把的距离较近，手小的使用者也很容易操作。

# 意大利 PX4 "风暴" 手枪

PX4 "风暴"（Storm）手枪是意大利伯莱塔公司为个人防卫和执法机关使用而设计和生产的半自动手枪，2004 年开始批量生产。

PX4 "风暴" 手枪的套筒座用玻璃纤维强化的工程塑料加工成型，具有出色的防腐性和抗高低温性能。精致小巧的枪体非常适合随身携带，紧急时可做出快速反应。当射手采取双手射姿时，舒适的外形和塑料套筒座特有的柔性，有助于保持射击的稳定性。PX4 "风暴" 手枪握把的设计采用了流行的模块化设计，采用了可更换式握把后背。射手可通过更换不同尺寸的握把后背，选择适合射手的握把尺寸。

# 瑞士 SIG Sauer P220 手枪

SIG Sauer P220 手枪是由瑞士西格·绍尔公司研制的半自动手枪，1975 年开始服役。瑞士、丹麦和日本等国均采用过 SIG Sauer P220 手枪作为军队制式手枪，此外还有一些国家的警察也曾装备过该手枪，但大多已被其他大容量弹匣手枪所取代。

SIG Sauer P220 手枪采用铝合金底把，冲压套筒，冷锻枪管。枪机利用延迟后坐方式闭锁，其设计较著名的勃朗宁大威力手枪更为简化、易于生产与维护，因此许多在 SIG Sauer P220 之后问世的手枪都采用了类似的闭锁方式。在简单的工具帮助下，SIG Sauer P220 手枪可以通过更换枪管和套筒来射击不同口径的子弹。SIG Sauer P220 手枪的击发模式为单 / 双动，由于性能稳定可靠，因此没有采用待击解脱柄以外的保险装置，以避免在战场上延误战机。

# 瑞士 SIG Sauer P224 手枪

SIG Sauer P224 手枪是由瑞士西格·绍尔公司研制的紧凑型半自动手枪，由 SIG Sauer P229 缩小尺寸而来，可发射 9×19 毫米、10×22 毫米 (0.40 S&W) 和 9×21 毫米 (0.357 SIG) 三种手枪弹。

SIG Sauer P224 手枪的全长为 170.2 毫米，而 SIG Sauer P229 则为 180.3 毫米，同时，其高度和宽度分别为 114.3 毫米和 33 毫米，比 SIG Sauer P229 要小 23 毫米和 5.1 毫米。SIG Sauer P224 手枪的总重量为 902 克，比铝合金底把的 SIG Sauer P229 要轻 190 克。10×22 毫米和 9×21 毫米的 SIG Sauer P224 手枪的标准弹匣容量为 10 发，而 9×19 毫米的 SIG Sauer P224 的标准弹匣容量为 12 发。

# 瑞士 SIG Sauer P226 手枪

　　SIG Sauer P226 手枪是由瑞士西格·绍尔公司研制的全尺寸半自动手枪，可发射 9×19 毫米、10×22 毫米 (0.40 S&W)、9×21 毫米 (0.357 SIG) 和 5.6×15 毫米 (0.22 LR) 四种手枪弹。SIG Sauer P226 手枪及其衍生型在世界各地多个执法机关和军事组织中服役，堪称目前综合性能最好的手枪之一。

　　SIG Sauer P226 手枪采用枪管短行程后坐作用原理，在射击时，套筒和枪管锁在一起并且向后移动几毫米，枪管会向后移，直到后方的铰链使后膛向下倾斜，此时，子弹已经离开枪管，而压力也已经下降到安全水平。在这种情况下，套筒已完成向后行程，并以抛弹口退出弹壳，然后复进簧会向前推动套筒，从弹匣上取出最顶部的一发子弹并让枪管后膛向上恢复水平，同时向前运动几毫米，再将套筒和枪管一起闭锁。

# 瑞士 SIG Sauer P228 手枪

　　SIG Sauer P228 手枪是由瑞士西格·绍尔公司研制的紧凑型半自动手枪，由 SIG Sauer P226 缩小尺寸而来，发射 9×19 毫米手枪弹。该枪已被美国陆军采用，并被命名为 M11 手枪。

　　SIG Sauer P228 手枪具有比 SIG Sauer P226 手枪更短的套筒和枪管。与后者不同的是，SIG Sauer P228 手枪只有 9×19 毫米口径和使用 13 发弹匣，但也可以使用 SIG Sauer P226 手枪的 15 发或 20 发弹匣，弊端是会破坏手枪的隐蔽性。从外观上看，SIG Sauer P228 手枪与 SIG Sauer P226 手枪可以通过比较扳机护环（前者是圆滑过渡的，而后者有小型防滑凹陷和挂钩）以及枪管和套筒的长度 (SIG Sauer P228 手枪有一个相应较短的套筒) 来区分。

# 瑞士 SIG Sauer P229 手枪

SIG Sauer P229 手枪是由瑞士西格·绍尔公司研制的紧凑型半自动手枪，可发射 9×19 毫米、10×22 毫米 (0.40 S&W)、9×21 毫米 (0.357 SIG) 和 5.6×15 毫米 (0.22 LR) 四种手枪弹。

SIG Sauer P229 手枪与 SIG Sauer P228 手枪在外观上非常相似，尺寸也相近。事实上，SIG Sauer P229 手枪就是在 SIG Sauer P228 手枪的基础上改进而来，所有的内部机构都沿用 SIG Sauer P228 手枪，两者的主要区别在于口径和套筒设计。SIG Sauer P229 手枪比 SIG Sauer P228 手枪更适合执行隐蔽任务，标准版本采用了单动／双动操作 (SA/DA) 扳机，不过也可以选择纯双动 (DAO) 扳机。SIG Sauer P229 手枪使用铣削不锈钢制套筒，可以承受由 9×21 毫米和 10×22 毫米两种口径手枪弹所造成的更高套筒后坐速度和后坐力。

# 瑞士 SIG Sauer P230 手枪

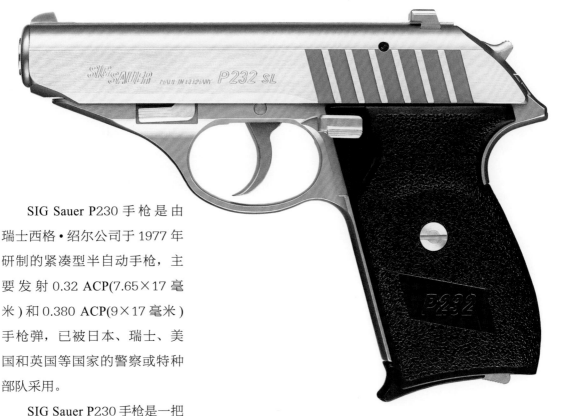

SIG Sauer P230 手枪是由瑞士西格·绍尔公司于 1977 年研制的紧凑型半自动手枪，主要发射 0.32 ACP(7.65×17 毫米) 和 0.380 ACP(9×17 毫米) 手枪弹，已被日本、瑞士、美国和英国等国家的警察或特种部队采用。

SIG Sauer P230 手枪是一把使用简单的固定式枪管，并以反冲作用运作的手枪。该枪做工精致，由于尺寸较小的缘故，它能够很方便地携带或隐藏。SIG Sauer P230 手枪的扳机为单、双动式设计，没有设置任何保险装置。0.32 ACP 口径型以 8 发弹匣供弹，0.380 ACP 口径型以 7 发弹匣供弹。与瓦尔特 P38 手枪一样，SIG Sauer P230 手枪的弹匣释放钮也位于握把底部，这种设计可防止因意外触碰而导致弹匣掉落。

# 瑞士 SIG Sauer P239 手枪

　　SIG Sauer P239 手枪是由瑞士西格·绍尔公司研制的紧凑型半自动手枪，主要发射 0.357 SIG(9×21 毫米 )、0.40 S&W(10×22 毫米 ) 和 9×19 毫米鲁格弹。

　　SIG Sauer P239 手枪的枪身总长为 168 毫米、全高为 130 毫米，空枪重约 710 克。由于尺寸紧凑，适合隐蔽携枪，SIG Sauer P239 手枪在美国很受欢迎。该枪的弹匣容量为 8 发(9×19 毫米)或 7 发(0.357 SIG 或 0.40 S&W)。SIG Sauer P239 手枪可使用纯双动 (DAO)，或双动 / 单动 (DA/SA) 的击发模式工作。与所有的西格·绍尔半自动手枪一样，SIG Sauer P239 手枪有一个待击解除杆，使得在双动 / 单动机构已将子弹入膛的情况下，也可以安全地携带。

# 瑞士 SIG Sauer SP2022 手枪

SIG Sauer SP2022 手枪是由瑞士西格·绍尔公司研制的半自动手枪，最初是为了参加法国政府执法机构（警察与国家宪兵队）手枪选型试验，但未被选中，后来又开始争夺美国市场，2005 年被美国陆军选为制式手枪。同时，该枪还竭力争夺民用手枪市场。

SIG Sauer SP2022 手枪继承了 SIG Sauer P220 系列手枪采用的枪管短后坐式工作原理及枪管摆动式闭锁方式，以及传统的击锤式击发机构，可单动或双动击发。该枪曾在美国拉斯维加斯郊外的靶场进行射击试验，使用该靶场的铁板靶，发射时套筒动作轻快而平稳，容易控制。由于握把设计良好，即使一口气打完弹匣内 15 发枪弹后依然感觉很舒适。

# 瑞士 SIG Sauer Pro 手枪

　　SIG Sauer Pro 手枪是由瑞士西格·绍尔公司研制的半自动手枪，主要有 SIG SP 2340、SIG SP 2009( 紧凑型 )、SIG SP 2022( 专门为法国政府改进的新型号 ) 等型号，其中 SIG SP 2022 手枪已被法国和美国的执法机关大量采用。

　　SIG Sauer Pro 系列手枪是枪管短行程后坐作用操作、闭膛待击的半自动手枪，并采用了由约翰· 勃朗宁首创的凸轮操作式闭锁系统，枪管借由套筒上扩大的抛壳口锁定到位。套筒后退时，空仓挂机的轴与枪管后端椭圆孔的开锁斜面相互作用，使枪管尾端向下倾斜，枪管与套筒脱离，实现开锁。套筒复进时，空仓挂机的轴与椭圆孔的闭锁斜面相互作用，使枪管尾端上抬，闭锁突榫进入套筒的闭锁槽，实现闭锁。

# 奥地利格洛克 17 手枪

　　格洛克 17 手枪是由奥地利格洛克公司研制的半自动手枪，1983 年成为奥地利军队的制式手枪，此后被世界上数十个国家的军队和执法机构所采用。

　　格洛克 17 手枪采用枪管短行程后坐式原理，使用 9×19 毫米鲁格弹，弹匣有多种型号，弹容量从 10 发到 33 发不等。格洛克 17 手枪大量采用了复合材料制造，空枪重量仅为 625 克，人机功效非常出色。格洛克 17 手枪经历了四次不同程度的修改，第四代格洛克 17 手枪的套筒上有 "Gen4" 字样。2010 年新推出的格洛克 17 手枪大大地增强了人机功效，并采用双复进簧设计，以降低后坐力，提高枪支寿命。

# 奥地利格洛克 19 手枪

格洛克 19 手枪是由奥地利格洛克公司研制的半自动手枪，于 1988 年设计，1990 年被瑞典军队选为制式手枪，被命名为 Pistol 88B(Pistol 88 是格洛克 17 的军队编号 )。

相对于格洛克 17 手枪，格洛克 19 手枪的握把短 12 毫米，更方便隐蔽。格洛克 17 和格洛克 19 的大部分零件均通用，包括弹匣。因此格洛克 19 手枪在民间市场很受欢迎，也被执法部门广泛采用。格洛克 19 经历了三次修改，最新版本被称为第四代格洛克 19。自 1999 年开始，新推出的格洛克 19 手枪在套筒下前方设有导轨，以安装各种战术配件，并在握把上设有手指凹槽。与所有的格洛克手枪一样，格洛克19手枪有三个安全装置。

# 奥地利格洛克 20 手枪

　　格洛克 20 手枪是针对美国安全部队而设计的，由于威力比格洛克 17 手枪更大，因此手枪的尺寸也略大于格洛克 17 手枪。该枪虽然在许多小部件上可以与格洛克 17 手枪交换使用，但由于主要部件扩大令其不能交换使用。

　　格洛克 20 手枪经历了四次改良，新推出的格洛克 20 手枪为了提高人机功效，握把由粗糙表面改为凹陷表面，并且可以调整握把的尺寸，以便适合不同的手形。套筒内部的复进簧改为双复进簧设计，降低了后坐力，提高了枪支寿命。为了适应双复进簧设计，套筒下的聚合物枪身前端部分较前一代格洛克 20 手枪略微加宽。

# 奥地利格洛克 21 手枪

格洛克 21 手枪是由奥地利格洛克公司设计及生产的半自动手枪，是格洛克 20 手枪的 0.45 ACP 口径版本。该枪是一种警用武器，特别适合在警服外佩带。目前，格洛克 21 手枪已推出了三种更新版本，最新推出的格洛克 21 手枪在套筒下前方设有导轨，以便安装各种战术配件。

格洛克 21 手枪的基本结构与格洛克 20 手枪相似，外形尺寸比格洛克 17 手枪稍微增大，使用 11.43 毫米柯尔特自动手枪弹。鉴于 11.43 毫米柯尔特自动手枪弹产生的压力只是最新 10 毫米手枪弹的几分之一，所以格洛克 21 手枪的服役寿命可能比规定的寿命要长。该枪的弹匣解脱按钮有所加长，比格洛克 17 手枪更易操纵。

# 奥地利格洛克 22 手枪

　　格洛克 22 手枪是由奥地利格洛克公司研制的警用半自动手枪，可视为格洛克 17 手枪的 10×22 毫米 (0.40 S&W) 口径版本，于 1990 年开始生产。

　　格洛克 22 手枪发射 10×22 毫米弹药，装有改良过的套筒及套筒导轨，以及对应 10×22 毫米弹药的枪管，外形与格洛克 17 非常相似。格洛克 22 手枪在 1990 年推出后已出现了三种更新版本，第三版本被称为第三代格洛克 22。新推出的格洛克 22 手枪在套筒下前方设有导轨，以安装各种战术配件，另外，还在握把上设有手指凹槽。格洛克 22 手枪还有一种衍生型——格洛克 22C，与格洛克 22 的主要分别是格洛克 22C 装有枪口补偿装置，在枪管顶部开有两个椭圆形的孔，以利用射击时排出的气体抑制枪口方向。

# 奥地利格洛克 23 手枪

格洛克 23 手枪是由奥地利格洛克公司设计及生产的半自动手枪，是格洛克 19 手枪的 10×22 毫米 (0.40 S&W) 口径版本，也是美国境内最受民间及执法部门喜爱的手枪之一。

格洛克 23 手枪发射 10×22 毫米弹药，标准弹匣为 13 发，装有改良过的套筒及套筒导轨，以及对应 10×22 毫米弹药的枪管，外形与格洛克 19 手枪非常相似。格洛克 23 手枪经历了四次修改版本，最新的版本被称为第四代格洛克 23，在套筒上型号位置处有"Gen4"字样。自 2010 年开始，新推出的格洛克 23 手枪为了提高人机功效，采用了新纹理，握把由粗糙表面改凹陷表面，而握把略微缩小，并由过去不能更换改为可以更换握把片，以调整握把尺寸，更适合不同的手形。套筒内部的复进簧改为双复进簧式设计，大大地降低了后坐力，提高了手枪的寿命。

# 奥地利斯泰尔 GB 手枪

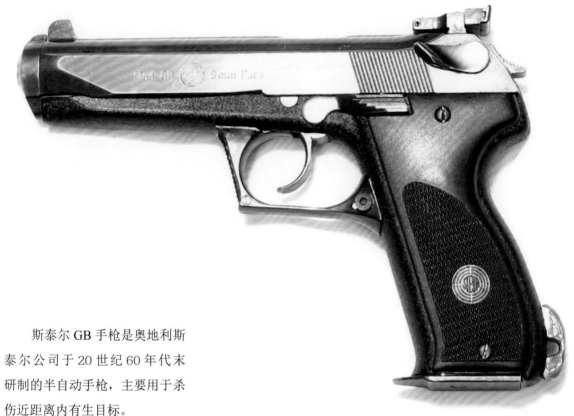

斯泰尔 GB 手枪是奥地利斯泰尔公司于 20 世纪 60 年代末研制的半自动手枪，主要用于杀伤近距离内有生目标。

斯泰尔 GB 手枪采用半自由枪机式工作原理，借助射击后流入气室内的火药气体达到延迟后坐的作用。枪管外表面和套筒之间形成一个封闭的环形空间作为气室，枪管外有一个导气孔，射击时部分气体流入环形空间从而产生高压，并作用于套筒前端以阻滞强烈的后坐，从而产生阻滞作用。另外，该手枪使用双排弹匣供弹，配有空仓挂机结构。

# 捷克斯洛伐克 CZ 52 手枪

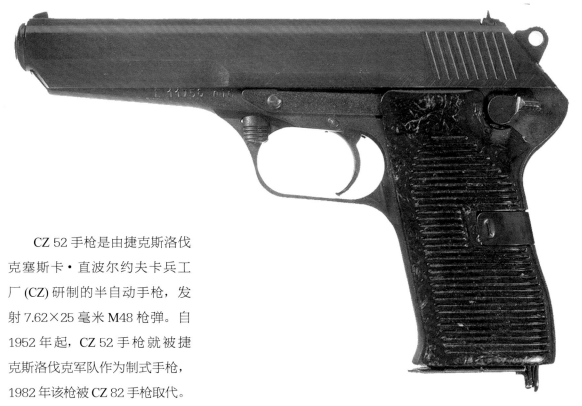

CZ 52 手枪是由捷克斯洛伐克塞斯卡·直波尔约夫卡兵工厂 (CZ) 研制的半自动手枪，发射 7.62×25 毫米 M48 枪弹。自 1952 年起，CZ 52 手枪就被捷克斯洛伐克军队作为制式手枪，1982 年该枪被 CZ 82 手枪取代。

CZ 52 手枪采用后坐反冲式设计，8 发可拆卸弹匣。该枪在设计时受到德国 MG42 通用机枪滚轴闭锁系统的影响，这种机构很少被用在手枪上，而 CZ 52 手枪却运用了该系统。CZ 52 手枪采用威力较大的 M48 枪弹 ( 这种弹药原本是供给冲锋枪用的 )，有着较大的后坐力。此外，精准度和寿命都不比发射 9 毫米鲁格弹的手枪优秀，所以 CZ 52 手枪的用户并不多。

# 捷克斯洛伐克 CZ 75 手枪

  CZ 75 手枪是捷克斯洛伐克于 20 世纪 70 年代研制的半自动手枪，于 1976 年开始批量生产，但直到 20 世纪 90 年代才被捷克斯洛伐克的军队和警察采用，以取代过时的 CZ 52 手枪，此外也曾出口到多个国家。

  CZ 75 手枪以比利时勃朗宁大威力手枪作为基础，同时又集合了史密斯·韦森 M39 及 SIG Sauer P210 等多种手枪的优点。CZ 75 手枪采用了枪管短后坐和勃朗宁闭锁式设计，其枪管在弹膛下方有闭锁凸耳，与底把上安装的开闭锁突起零件配合引起枪管的摆动，枪管进入套筒内闭锁，顶部有两个位于抛壳口前方的闭锁突榫。CZ 75 手枪的载弹量由于型号及口径的不同而不同，标准型发射 9 毫米鲁格弹，并以 15 发弹匣供弹。

# 捷克斯洛伐克 CZ 83 手枪

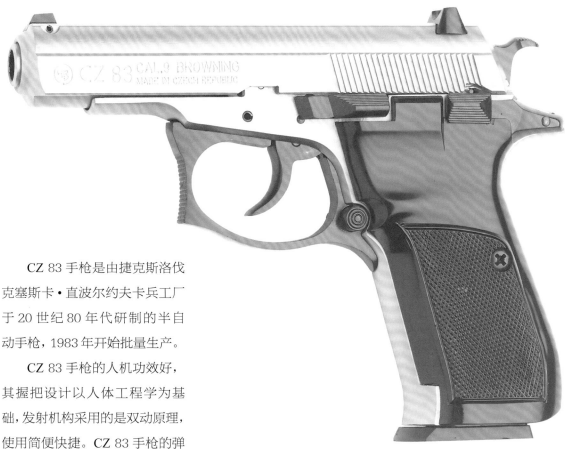

CZ 83 手枪是由捷克斯洛伐克塞斯卡·直波尔约夫卡兵工厂于 20 世纪 80 年代研制的半自动手枪，1983 年开始批量生产。

CZ 83 手枪的人机功效好，其握把设计以人体工程学为基础，发射机构采用的是双动原理，使用简便快捷。CZ 83 手枪的弹药通用性也较好，运用了转换套件，使其能够发射多种型号的枪弹 (7.65 毫米勃朗宁枪弹、9 毫米勃朗宁短弹、马卡洛夫枪弹等)，简化了后勤保障及武器对枪弹口径的依赖性。CZ 83 手枪全长 172 毫米，枪管长 97 毫米，发射 7.65 毫米枪弹时的空枪重量为 0.75 千克，发射 9 毫米枪弹时的空枪重量为 0.8 千克。CZ 83 手枪采用双排弹匣供弹机构，有效射程为 50 米。

# 斯洛伐克 K100 手枪

    K100 手枪是由斯洛伐克庞大威力武器有限公司于 20 世纪 90 年代中期研发的半自动手枪，发射 9×19 毫米鲁格弹。

    K100 手枪采用枪管短后坐、后膛闭锁原理。开锁时，枪管要进行小角度的回转，因此在枪管上有一个引导回转的弯曲斜面，配合枪管回转用的弯曲引导杆用固定销固定在底把上，该设计已获得国际专利。厚壁枪管长 108 毫米，与其他金属部分一样，采用"特立弗"处理（Tenifer，一种坚硬防锈蚀涂层技术）。

·简单拆解后的 K100 手枪·

# 比利时 FN M1900 手枪

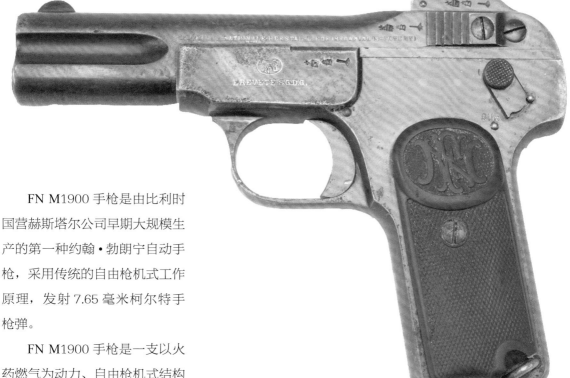

FN M1900 手枪是由比利时国营赫斯塔尔公司早期大规模生产的第一种约翰·勃朗宁自动手枪，采用传统的自由枪机式工作原理，发射 7.65 毫米柯尔特手枪弹。

FN M1900 手枪是一支以火药燃气为动力、自由枪机式结构的半自动手枪。该枪是世界上第一支有套筒的自动手枪，因为设计较早，其套筒结构与后来的自动手枪有所区别。现代的自动手枪几乎都采用枪管在上、复进簧在下的套筒结构，而 FN M1900 恰恰相反，采用了复进簧在上、枪管在下的结构，在今天看来显得有些怪异。与其他击针式手枪不同，FN M1900 的击针没有击针簧，而是通过一个杠杆利用复进簧的弹力来推动击针，这在自动手枪的设计中非常少见。

# 比利时 FN M1906 手枪

FN M1906 手枪是由比利时国营赫斯塔尔公司研制的袖珍手枪，发射 6.35×15.5 毫米半底缘自动手枪弹，于 1906 年正式投产。

FN M1906 手枪采用自由枪机式自动方式，惯性闭锁机构，结构简单，只有 33 个零件，可迅速不完全分解为七个部分。FN M1906 尺寸较小，全长仅 114 毫米，比成年男性的手掌还要短得多，即使握在手中也不引人注目。该枪重量较轻，空枪重 350 克，加上一个实弹匣也只有 400 克。FN M1906 外形比较平滑，没有凸出的棱角，固定式缺口和准星全部隐藏在套筒顶端的长槽内，扳机也采用平板状，不会因钩住衣袋衬里而影响出枪速度。该枪的另一特点是非常重视安全性，设有三重保险。

# 比利时 FN 57 手枪

FN 57(FN Five-seveN) 手枪是由比利时国营赫斯塔尔工厂 (FN) 研制的半自动手枪，名称来自其使用的 5.7 毫米口径子弹，同时第一个及最后一个字母用大写表示，强调是 FN 的产品。

FN 57 是为了配合 FN P90 冲锋枪而研发的手枪，因为 FN P90 所用的子弹是全新研制，不能用于现有的手枪，因此需要 FN 57 与之配合，使整个武器系统完整。FN 57 采用延迟式后坐、非刚性闭锁，具有重量轻、后坐力低、弹匣容量大与体积小等优点。由于使用了跟 FN P90 一样的 5.7×28 毫米子弹，所以拥有一定的击穿防弹装备的能力，携弹量也较一般手枪多。FN 57 手枪的可卸式弹匣除了 10 发和 20 发外，还有 30 发的延长版本。

# 比利时勃朗宁大威力手枪

    勃朗宁大威力手枪 (Browning Hi-Power) 是由美国著名枪械设计师约翰·勃朗宁进行基础设计、比利时国营赫斯塔尔工厂改进及完成的单动操作式半自动手枪，发射当时欧洲威力最大的9×19毫米手枪弹。

    与许多其他的勃朗宁手枪设计一样，勃朗宁大威力手枪采用了枪管短行程后坐作用操作原理和枪管摆动式闭锁机构。标准型勃朗宁大威力手枪使用的是单动操作式设计，并且装上了手动保险机构。与现代的双动操作半自动手枪不同的是，勃朗宁大威力手枪的扳机与击锤并没有联动关系，因此不能实现扣扳机待击。

# 以色列 "沙漠之鹰" 手枪

　　"沙漠之鹰" 手枪是由以色列军事工业公司生产的一种大口径半自动手枪,其体积和重量都很大,威力极强,拥有极高的知名度。

　　"沙漠之鹰" 手枪采用常在步枪上使用的气动机构,这是因为它发射的是大威力子弹,而一般的气动机构在面对这种子弹时强度有所不足。该枪的握把很大,通常采用硬塑胶整体制造,用弹簧销固定。为了降低后坐力,该枪采用了两根平行的复进弹簧。"沙漠之鹰" 手枪在射击时会产生很大的噪声,而且后坐力极大,故障率也较高。过高的杀伤力也是军方和警方对该枪的兴趣大大降低的原因之一,因为这样无论是对使用者还是对使用者旁边的人都存在很大的安全隐患。

# 以色列杰里科 941 手枪

杰里科 941 手枪及其枪套

杰里科 941(Jericho 941) 手枪是由以色列军事工业公司 (IMI) 于 20 世纪 90 年代初推出的 9 毫米常规战斗手枪，被以色列私人保安和警察部队使用，而且广泛出口到国外。

杰里科 941 手枪采用枪管短后坐式工作原理，枪管偏移式闭锁机构，内部结构类似勃朗宁手枪系统。它可以双动射击，套筒在套筒座导轨上运动，有利于保证射击精度。它具有空仓挂机柄，同时作为待击解脱杆使用，手动保险柄左右手都可单手操作。杰里科 941 手枪还可通过迅速变换枪管、弹匣等部件发射其他口径的枪弹。

# 波兰 Vis wz.35 手枪

　　Vis wz.35 手枪是由波兰研制的勃朗宁半自动手枪的变形枪，1935 年成为波兰军队的制式手枪。该枪被认为是有史以来最好的手枪之一，更是一些枪械收藏家的珍藏之一。

　　Vis wz.35 手枪的不少设计是以约翰·勃朗宁的 M1911 半自动手枪作为基础，采用了与 M1911 手枪相同的枪管短行程后坐作用原理，但没有采用铰链回转式闭锁结构，而是采用凸耳式结构，与勃朗宁大威力手枪比较类似。当枪弹击发后，枪管先是和套筒扣合在一起共同后坐一小段自由行程，然后通过枪管尾端下方凸耳上的开锁斜面与套筒座内的突起相互配合，使枪管尾端向下偏移，枪管上的闭锁突筋与套筒内壁的闭锁槽脱离，完成开锁动作。

# 波兰 P-64 手枪

P-64 手枪是波兰军队的 9 毫米制式手枪，其结构类似苏联马卡洛夫手枪，但也吸收了德国瓦尔特 PP 手枪的一些特点。

P-64 手枪采用自由枪机式工作原理，可单动、双动击发。击发后，火药气体压力推动套筒弹底窝平面，使得套筒后坐，完成抽壳、抛壳等动作。P-64 手枪的手动保险机柄在套筒左后方，显示红点为发射位置，红点被手动保险机柄挡住为保险状态。为便于握持手枪，该枪弹匣底部向前伸出了一个凸角。P-64 手枪使用 9 毫米马卡洛夫手枪弹，采用机械瞄准具。

# 乌克兰 Fort 12 手枪

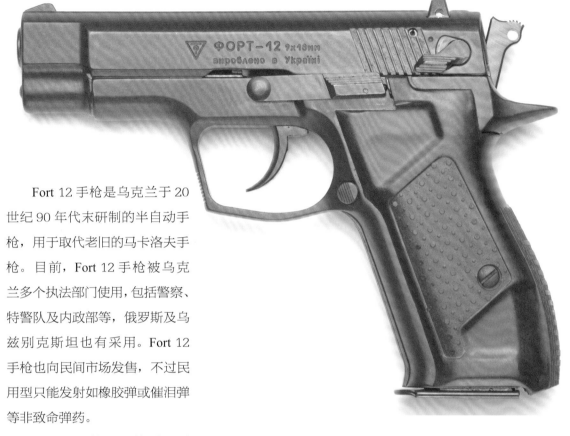

Fort 12 手枪是乌克兰于 20 世纪 90 年代末研制的半自动手枪，用于取代老旧的马卡洛夫手枪。目前，Fort 12 手枪被乌克兰多个执法部门使用，包括警察、特警队及内政部等，俄罗斯及乌兹别克斯坦也有采用。Fort 12 手枪也向民间市场发售，不过民用型只能发射如橡胶弹或催泪弹等非致命弹药。

Fort 12 手枪是一款采用反动式操作的双动式手枪，其枪身及滑套由钢铁制成，手动保险设置在滑套左方，可有效地锁上击锤，不论击锤处于锁定还是较低的位置。早期的 Fort 12 手枪被认为不太可靠，后期型号逐渐完善起来，比起马卡洛夫手枪有着更大的弹匣容量和更优秀的精度。Fort 12 手枪的缺点在于没有安全的退弹系统。

# 日本九四式手枪

　　九四式手枪是日本于20世纪30年代开始生产的小型轻量半自动手枪，在二战中也曾大量生产并装备部队。

九四式手枪主要提供给战车乘员、汽车兵、飞行员等重要非直接地面战斗人员，作为自卫手枪使用。这种手枪威力较大、精度较佳，也不需要经常保养擦拭，特别适合射击技术生疏的技术兵员。九四式手枪有着较坚固、能减少意外走火的发射部件，比较容易装填。不过，九四式手枪也有一个非常严重的缺陷：若压下枪身左侧一个露出的击锤固定器，上膛的子弹就会被击发。这导致九四式手枪在商业上是一个失败品，也常常被认定是有史以来最糟糕的军用手枪。

# 南斯拉夫 CZ99 手枪

CZ99 手枪是由南斯拉夫扎斯塔瓦武器公司(Zastava)生产，自 1990 年和 1991 年开始在美国和法国销售。

CZ99 手枪与西格·绍尔公司的 P226 手枪极其相似，都采用枪管短后坐式工作原理。但是 CZ99 手枪套筒采用两件焊接，套筒座用铝合金制成，并进行了黑色无光氧化处理。此外，该枪膛内有一个有弹指示器，可进行直观或触摸检查弹量情况。套筒座两侧都配有弹匣解脱钮，15 发弹匣可轻易地从机匣中抽出。CZ99 手枪安全可靠，在极寒或酷热环境中也能正常工作，从 1.5 米高处跌落也不会走火。

# 韩国 DP51 手枪

DP51 手枪是由韩国大宇公司于 20 世纪 80 年代研制的自动手枪，主要用于杀伤近距离有生目标，目前仍被韩国军队和警察使用，同时也出口外销。

DP51 手枪使用 9×19 毫米巴拉贝鲁姆手枪弹，采用不常见的延迟后坐系统，枪膛内有多条环形槽，射击时，弹壳急剧膨胀，膛内的巨大压力将弹壳推入槽中，从而阻止弹壳抽出及枪管尾端打开。当枪弹离开枪管后，弹壳恢复原来的尺寸，枪管尾端打开。DP51 手枪采用双动式扳机设计，提供了合适的扳机扣力。

# CHAPTER 03

# 冲锋枪

　　冲锋枪通常是指用双手持握、发射手枪子弹的单兵连发枪械。它是介于手枪和机枪之间的武器，比步枪短小轻便，便于突然开火，射速高、火力猛，适用于近战或冲锋，因而得名"冲锋枪"。

# 美国"汤普森"冲锋枪

　　"汤普森"冲锋枪 (Thompson SubMachine Gun) 是美军在二战中最著名的冲锋枪，由约翰·汤普森在 20 世纪初期设计，并由美国自动军械公司生产。除了在战争中使用外，"汤普森"冲锋枪也是当时美国警察与罪犯经常使用的武器。

　　"汤普森"冲锋枪使用开放式枪机，即枪机和相关工作部件都被卡在后方。"汤普森"冲锋枪的早期版本已经达到 1200 发 / 分钟的射速，而 M1921 警用型为 850 发 / 分钟，M1928 军事型则为 720 发 / 分钟。其衍生型 M1 及 M1A1 的平均射速为 600 发 / 分钟。这使得"汤普森"冲锋枪有一个相当沉重的扳机和极快下降的弹药量，也使得枪管于自动射击时很容易上扬。相较于现代的 9 毫米冲锋枪，"汤普森"冲锋枪可算是相当沉重，这也是它的主要缺点之一。

· "汤普森" M1A1 冲锋枪 ·

· "汤普森" M1928 冲锋枪 ·

· "汤普森" M1928 冲锋枪 ·

# 美国 M3 冲锋枪

M3 冲锋枪是美国通用汽车公司于二战时期大量生产的廉价冲锋枪，于 1942 年 12 月开始服役，取代造价昂贵的"汤普森"冲锋枪。

M3 冲锋枪是全自动、气冷、开放式枪机、由反冲作用操作的冲锋枪。该枪由金属片冲压、点焊与焊接制造，缩短了装配工时，只有枪管枪机与发射组件需要精密加工。机匣是由两片冲压后的半圆筒状金属片焊接成一圆筒。前端是一个有凸边的盖环固定枪管。枪管有四条右旋的膛线，量产后设计了可加在枪管上的防火帽。附于枪身的后方是可伸缩的金属杆枪托。枪托金属杆的两头均有设计可以当作通条，也可用作分解工具。M3 冲锋枪原本设计为用坏即丢不需要维修的武器，但在 1944 年时新的 M3 冲锋枪数量不足，迫使美国陆军兵器工厂制造了替换零件。

· M3 冲锋枪及其包装盒 ·

# 美国 Vector 冲锋枪

Vector 冲锋枪是由美国克瑞斯公司于 2009 年开始生产的冲锋枪枪族，发射 0.45 ACP(11.43×23 毫米) 手枪弹。

Vector 冲锋枪采用一种铰接式机械结构的延迟后坐式枪机，在枪机后方有一块用以转移后坐力和延迟枪机后坐的平衡配重块。Vector 冲锋枪具有多个明显的人体工程学的优势，能够大大地减轻使用者所感觉到的后坐力和枪口上扬 ( 尤其是在全自动射击的时候 )，并且减轻使用者的疲乏程度。Vector 冲锋枪使用标准格洛克手枪的可拆卸式弹匣供弹，通常是 13 发格洛克 21 可拆卸式弹匣，并以其为蓝本开发了 28 发、30 发可拆卸式专用弹匣。

· 枪托折叠的 Vector 冲锋枪 ·

# 美国柯尔特 9 毫米冲锋枪

　　柯尔特 9 毫米冲锋枪是美国柯尔特公司在 1982 年以 AR-15 系列步枪的设计改进而成的 9 毫米口径冲锋枪，主要装备美国海军陆战队和执法机构，其他国家也有装备。

　　柯尔特 9 毫米冲锋枪采用导气式原理，配用 20 发或 32 发直弹匣，可实施单发或连发射击。该枪有空仓挂机机构，枪口有消焰器。扳机护圈可向下打开，便于射手戴手套时扣压扳机。柯尔特 9 毫米冲锋枪短小轻便，直线结构配合低后坐力冲击的 9×19 毫米帕拉贝鲁姆枪弹，能够降低枪口上跳，实现高度精确的射击。而紧凑的结构和侵彻力较低的弹药，使得该枪适合在城市、船舶和有大量平民的建筑物（如飞机场、火车站）等环境下使用。柯尔特 9 毫米冲锋枪分解不需要专门工具，而且清洁和维护也很容易。

# 俄罗斯 PPSh-41 冲锋枪

PPSh-41 冲锋枪 ( 又称 "波波莎" 冲锋枪 ) 是二战期间苏联生产数量最多的武器，在斯大林格勒战役中，它起到了非常重要的作用，成为苏军步兵标志性装备之一。

PPSh-41 冲锋枪采用自由式枪机原理，开膛待击，带有可进行连发、单发转化的快慢机，发射 7.62×25 毫米托卡列夫手枪弹 ( 苏联手枪和冲锋枪使用的标准弹药 )。PPSh-41 冲锋枪能够以 1000 发 / 分钟的射速射击，射速与当时其他大多数军用冲锋枪相比是非常高的。PPSh-41 冲锋枪的设计以适合大规模生产与结实耐用为首要目标，对成本则未提出过高要求，因此 PPSh-41 冲锋枪出现了木制枪托、枪身。沉重的木质枪托和枪身使 PPSh-41 冲锋枪的重心后移，从而保证了枪身的平衡性，而且可以像步枪一样用于格斗，同时还特别适合在高寒环境下握持。

# 俄罗斯 PPS-43 冲锋枪

  PPS-43 冲锋枪是苏联在二战期间生产的冲锋枪，1943 年被列为苏军制式冲锋枪。该枪从 1943 年开始生产直到二战结束，总产量超过 100 万支，曾广泛装备于捷克斯洛伐克、匈牙利、保加利亚等国家，波兰、芬兰、德国等国家也进行了仿制生产。

  PPS-43 冲锋枪大部分部件用钢板冲压、焊接、铆接制成，具有结构简单、加工及操作方便等特点。PPS-43 冲锋枪采用自由枪机式工作原理，开膛待击，只能连发射击。保险手柄位于机匣下方、扳机护圈的右侧，可将枪机锁定于前方或后方位置。PPS-43 冲锋枪使用较短的金属折叠式枪托，供弹方式为 35 发弧形弹匣，发射 7.62 毫米托卡列夫手枪弹或 7.63 毫米毛瑟手枪弹。PPS-43 冲锋枪采用机械瞄准具，包括 L 形翻转式表尺、方形缺口式照门，照门设定为 100 米和 200 米。

# 俄罗斯 PPD 冲锋枪

· PPD-34 冲锋枪 ·

　　PPD 冲锋枪是苏联在 1934 年制造的 7.62 毫米口径冲锋枪，初期型为 PPD-34，之后改进成为中期型的 PPD-34/38 以及后期型的 PPD-40。

　　PPD 冲锋枪使用木制枪托，开放式枪机，使用者可以选择射击模式。PPD 冲锋枪所使用的 7.62×25 毫米托卡列夫手枪弹是参考毛瑟 C96 手枪发射的 7.63×25 毫米毛瑟弹，可使用较为灵活的 25 发可拆卸式弹匣或容量较大的 71 发可拆卸式大型弹鼓供弹，该弹鼓仿制自芬兰 M1931 冲锋枪。

· PPD-34/38 冲锋枪 ·

# 俄罗斯 PP-91 冲锋枪

  PP-91 是由苏联枪械设计师德拉贡诺夫研制的冲锋枪，该枪的原型最早于 20 世纪 70 年代推出，但直到 20 世纪 90 年代才正式服役。

  PP-91 冲锋枪以反冲作用及闭锁式枪机运作，这种设计比起使用开放式枪机的枪械来有着更高的精确度。其供弹具为 20 发或 30 发容量的双排弹匣，枪上的可折式枪托可降低后坐力。PP-91 冲锋枪全枪均由冲压钢板制造而成，枪身重约 1.6 千克。其快慢机位于机匣右边，并能够切换到半自动和全自动两种射击模式，在全自动模式时该枪会以每分钟约 800 发的理论射速进行射击。与许多现代冲锋枪一样，PP-91 冲锋枪也能够装上激光瞄准器和抑制器。

# 俄罗斯 PP-2000 冲锋枪

  PP-2000 冲锋枪是由俄罗斯图拉 KBP 仪器设计厂研制的冲锋枪，同时兼具冲锋手枪和个人防卫武器的特点，可发射多种 9×19 毫米鲁格弹。

  PP-2000 冲锋枪是一种传统的后坐力操作的武器，空枪重为 1.4 千克，适合进行高精度的近距离射击。PP-2000 冲锋枪的枪身由耐用的单块式聚合物所制造，可以减轻重量和提高耐腐蚀性，枪口可装上消声器，机匣顶部的 MIL-STD-1913 战术导轨可装上红点镜或全息瞄准镜，快慢机可由大拇指直接操作，拉机柄可以左右转动。总体来说，PP-2000 冲锋枪的设计十分紧凑，从而减小了体积和重量，对提高人机功效、美观度和准确性也有帮助。

# 德国 MP5 冲锋枪

MP5 冲锋枪是由德国黑克勒－科赫公司研制的冲锋枪，也是黑克勒－科赫最著名及制造量最多的枪械产品。由于该系列冲锋枪获多国军队、保安部队、警队选为制式枪械，因此具有极高的知名度。

MP5A5 冲锋枪

MP5 冲锋枪采用 HK G3 系列步枪结构复杂的闭锁枪机，且采用传统滚柱闭锁机构来延迟开锁，射击时枪口跳动较小，准确性大大提高。标准型的 MP5 冲锋枪发射 9×19 毫米鲁格弹，采用塑料固定枪托或金属伸缩枪托，配 15 发或 30 发弹匣。它的扳机有多种发射选择模式，包括连发、单发、两点或三发点射。虽然有高命中精度、可靠、后坐力低及威力适中的优点，但 MP5 冲锋枪也有结构复杂、容易出现故障、单价高昂且空枪较新一代的冲锋枪重等缺点。

· MP5K 冲锋枪 ·

· MP5SD 冲锋枪 ·

# 德国 MP7 冲锋枪

　　MP7 冲锋枪是由德国黑克勒－科赫公司于 20 世纪 90 年代研制的个人防卫武器，发射 4.6×30 毫米口径弹药。

　　MP7 冲锋枪枪身短小，除了自卫外，也适用于室内近距离作战及要员保护。MP7 冲锋枪大量采用塑料作为枪身的主要材料，由三颗销钉固定，使用者只需用枪弹作为工具就可以完成 MP7 冲锋枪的大部分分解。该枪可选择单发或全自动发射，弹匣释放钮设计与 HK USP 手枪相似。MP7 冲锋枪可选配 20 发容量短弹匣或 40 发容量长弹匣，也有 30 发容量弹匣可供选择。MP7 冲锋枪与手枪外形相似，使用者除了可将枪托拉出抵肩射击之外，经过训练还能够像手枪一样射击。

# 德国 UMP 冲锋枪

　　UMP(Universal Machine Pistol，通用冲锋枪) 是由德国黑克勒 – 科赫公司于 1998 年推出的一款冲锋枪，由于性能优异、后坐力小、易于分解，现已被多个特种部队及特警队采用。

　　UMP 冲锋枪在设计时采用了 HK G36 突击步枪的一些概念，并大量采用塑料，不仅减轻了重量，也降低了价格，但仍保持了黑克勒 – 科赫一贯的优良性能和质量。UMP 冲锋枪舍弃了 MP5 冲锋枪传统的半自由式枪机，改用自由式枪机，还使用闭锁式枪机，以确保射击精度，并安装了减速器，把射速控制在 600 发 / 分，不过在发射高压弹时，射速会提高到 700 发 / 分。

# 德国 MP18 冲锋枪

MP18 冲锋枪是由德国枪械设计师雨果·施梅瑟在一战时研制的，因其生产商为伯格曼兵工厂，所以有时也称之为伯格曼冲锋枪。

MP18 冲锋枪采用自由枪机原理、开膛待击方式，枪机通过机匣右侧的拉机柄，拉到后方位置卡在拉机柄槽尾端的卡槽内实现保险，这种保险方式并不安全，因为如果受到某种意外震动时，拉机柄会从卡槽中脱出，导致枪机向前运动击发枪弹发生走火。MP18 冲锋枪最醒目的特征是枪管上包裹套筒，套筒上布满散热孔，连续射击时有利于散热。另外，MP18 冲锋枪只能全自动射击。

# 德国 MP40 冲锋枪

MP40 冲锋枪是在 MP18 冲锋枪的基础上改进而来的，也是二战期间德国军队使用最广泛、性能最优良的冲锋枪。

MP40 冲锋枪发射 9 毫米口径鲁格弹，以直型弹匣供弹，采用开放式枪机原理、圆管状机

匣，移除枪身上传统的木制组件，握把及护木均为塑料。该枪的折叠式枪托由钢管制成，可以向前折叠到机匣下方，便于携带。在装甲车的射孔向外射击时，可利用枪管底部的钩状座固定在车体上。MP40 冲锋枪在德军作战部队中非常受欢迎，在近距离作战中可提供密集的火力，不但装备了装甲部队和伞兵部队，在步兵单位的装备上比率也不断地提高，是优先配发给一线作战部队的武器。

·拆解后的 MP40 冲锋枪·

# 英国斯登冲锋枪

　　斯登 (Sten) 冲锋枪是英国在二战时期大量制造及装备的 9×19 毫米冲锋枪，英军一直采用至 20 世纪 60 年代。

　　斯登冲锋枪是一种低成本、易于生产的武器，采用简单的内部设计，横置式弹匣、开放式枪机、后坐作用原理，弹匣装上后可充当前握把。斯登冲锋枪使用 9 毫米口径枪弹，可在室内与堑壕战中发挥持久火力。此外，斯登冲锋枪的紧凑外形与较轻的重量让它具备绝佳的灵活性。斯登冲锋枪的弊端也不少，如射击精准度不佳、经常走火、极易因供弹可靠性差而卡弹等。

# 英国斯特林冲锋枪

　　斯特林冲锋枪是由英国斯特林军备公司于 20 世纪 40 年代研制的冲锋枪，1953 年 8 月被英国军方选作制式武器，并命名为 L2A1，之后经过了数次改良，出现了 L2A2 和 L2A3 等改进型。

　　斯特林冲锋枪的结构简单，属于反冲式设计。该枪的突出特征在于其圆管形枪机容纳部下方的垂直形握柄，以及枪机容纳部左侧装设的香蕉形弹匣。握柄上附有一个选择钮，可以进行全自动与半自动射击模式的切换。折叠式枪托的形状很特殊，可以说是一种很独特的设计。此外，圆管形枪机容纳部的前半部有许多小孔，能够增加散热能力，在护木前端的下方可以装上刺刀。

# 法国 MAT-49 冲锋枪

　　MAT-49 冲锋枪是由法国日蒂勒兵工厂制造、法国军队在 1949—1979 年期间使用的冲锋枪，主要发射 9×19 毫米鲁格弹。

　　与二战以前法国军队所装备的冲锋枪不同，MAT-49 冲锋枪的部件大都采用了钢板冲压成型制造，简化了生产工艺。MAT-49 冲锋枪具有一个钢条制造的可伸缩式设计枪托，当枪托伸展后的长度为 720 毫米，而枪管长度为 230 毫米。弹匣及弹匣插座可以充当前握把，可以向前以 45 度角折叠，然后和枪管向前平行，这种设计适合伞兵安全携带。一些警用型 MAT-49 冲锋枪因为生产问题而延长枪管和改用不可伸缩的木制枪托。MAT-49 冲锋枪采用两种不同容量的弹匣，一种适合在沙漠使用 20 发可拆卸式弹匣，另一种是类似"斯登"冲锋枪的 32 发可拆卸式弹匣。

# 意大利伯莱塔 M12 冲锋枪

　　伯莱塔 M12 冲锋枪是由意大利伯莱塔公司于 1958 年研制的冲锋枪，1961 年开始成为意大利军队的制式装备，之后也被非洲和南美洲的部分国家选作制式装备。

　　伯莱塔 M12 冲锋枪采用环包枪膛式设计，枪管内外经镀铬处理，长 200 毫米，其中 150 毫米由枪机包覆，这种设计有助于缩短整体长度。该枪可以全自动和单发射击，后照门可设定瞄准距离为 100 米或 200 米。此外，伯莱塔 M12 冲锋枪拥有手动扳机阻止装置，自动令枪机停止在闭锁安全位置的按钮式枪机释放装置。

# 比利时 FN P90 冲锋枪

  FN P90 冲锋枪是由比利时国营赫斯塔尔工厂于 1990 年推出的个人防卫武器，目前被许多国家的特种部队所采用。

  FN P90 冲锋枪发射 5.7×28 毫米小口径高速弹，50 发容量的弹匣平行于枪管上方，弹匣由半透明的塑料制成，为防止夜间反光，混入了着色材料，呈浅褐色。由于弹匣内的枪弹与枪管轴线垂直，因此弹匣入口部是圆柱形，内部有引导枪弹转向 90 度的螺旋槽。FN P90 冲锋枪能够有限度地同时取代手枪、冲锋枪及短管突击步枪等枪械，它使用的 5.7×28 毫米子弹能把后坐力降至低于手枪，而穿透力还能有效地击穿手枪所不能击穿的、具有四级甚至五级防护能力的防弹背心等个人防护装备。FN P90 冲锋枪的枪身重心靠近握把，有利于单手操作并灵活地改变指向。经过精心设计的抛弹口，可确保各种射击姿势下抛出的弹壳都不会影响射击。

# 以色列乌兹冲锋枪

乌兹冲锋枪是由以色列国防军军官乌兹·盖尔于 1948 年开始研制的轻型冲锋枪，结构简单，易于生产，被世界上许多国家的军队、警队和执法机构采用。

乌兹冲锋枪最突出的特点是和手枪类似的握把内藏弹匣设计，使用者在与敌人近战交火时能迅速更换弹匣 ( 即使是在黑暗环境中 )，保持持续火力。不过，这个设计也影响了枪的高度，导致在以卧姿射击时所需的空间更大。此外，在沙漠或风沙较大的地区作战时，使用者必须经常分解清理乌兹冲锋枪，以避免射击时出现卡弹等情况。乌兹冲锋枪有一种专为以色列反恐特种部队设计的型号 —— 伞兵微型"乌兹"，口径为 9 毫米，机匣顶部及底部加装了战术导轨，改为倾斜式握把以支持格洛克 18 手枪的 33 发弹匣。

# 奥地利斯泰尔 TMP 冲锋枪

斯泰尔 TMP(Steyr TMP) 冲锋枪是由奥地利斯泰尔·曼利夏公司设计的 9 毫米口径冲锋枪，TMP 意为"战术冲锋手枪"(Tactical Machine Pistol)。

斯泰尔 TMP 冲锋枪能令使用者在连发时保持稳定射击，准确度比其他的冲锋枪高。斯泰尔 TMP 冲锋枪装有来自斯泰尔 AUG 突击步枪的射控扳机，轻按扳机只能单发，完全按下扳机便是全自动射击，供弹方式为 15 发或 30 发弹匣。斯泰尔 TMP 冲锋枪装有向前倾的前握

把，有助于射击时稳定持枪及瞄准，另外也可在前握把上安装战术配件。斯泰尔 TMP 冲锋枪的半自动民用型被称为斯泰尔 SPP，两者口径相同，但斯泰尔 SPP 的枪管较轻，前握把也被移除了。

# 奥地利斯泰尔 MPi 69 冲锋枪

斯泰尔 MPi 69 冲锋枪是奥地利斯泰尔公司于 20 世纪 60 年代研制的 9 毫米口径冲锋枪，主要装备奥地利军队和警察。该枪抓握舒适，操作简单，单发射击性能良好。

斯泰尔 MPi 69 冲锋枪的外形酷似以色列"乌兹"冲锋枪，但结构更新颖、更简单。除枪管外，大多数零件采用冲压件和注塑件，如发射机座、握把和机匣座注塑为一体。该枪有一个垂直形的握把，弹匣从其底部插入。此外，还装有一个伸缩式枪托。斯泰尔 MPi 69 冲锋枪前方的枪背带环有着双重用途，也可同时作为拉机柄。

# 捷克斯洛伐克 Vz.61 冲锋枪

  Vz.61 冲锋枪是由捷克斯洛伐克制造的 7.65 毫米口径冲锋枪，1961 年开始装备捷克斯洛伐克军队。Vz.61 冲锋枪也被大量出口到国外，普遍装备一些中东和非洲国家的军队或警察。

  Vz.61 冲锋枪发射 7.65×17 毫米 (0.32 ACP) 枪弹，这种弹药能配合 Vz.61 冲锋枪的设计概念——体积小、重量轻，但在全自动射击时仍保留着很高的精确度和可控性。Vz.61 冲锋枪的弹匣容量通常为 20 发，但也有较小的 10 发容量可供选择。Vz.61 冲锋枪运用了常见且简单的反冲作用和闭锁式枪机的机制，弹匣装在机匣底部，并配有可折叠式枪托。Vz.61 冲锋枪与其他冲锋枪最大的区别之处在于：极为细小的尺寸，以闭锁式枪机运作并以位于手枪握把内的降速器来降低全自动射击时的射速。

# 芬兰索米 M1931 冲锋枪

　　索米 M1931 冲锋枪是芬兰在二战期间设计的冲锋枪，"索米"(Suomi) 在芬兰语中意为"芬兰"，因此有时索米 M1931 冲锋枪也被称为芬兰冲锋枪。该枪被许多人认为是二战期间最成功的冲锋枪之一，其众多设计被后来的冲锋枪所效仿。

　　索米 M1931 冲锋枪由于枪管较长，做工精良，所以其射程和射击精准度比大批量生产的苏联 PPSh-41 冲锋枪高出很多，而射速和装弹量则与 PPSh-41 冲锋枪一样。它最大的弊端在于过高的生产成本，所采用的材料是瑞典优质的铬镍钢，并以狙击步枪的标准生产，费工费时。"苏芬战争"期间，索米 M1931 冲锋枪有过一些改进，如加入枪口制退器等。

# 波兰 PM-63 冲锋枪

　　PM-63 冲锋枪是波兰制造的一款小型冲锋枪，于 1963 年完成开发，主要用于个人防卫及 150 米内的近身战斗，发射 9×18 毫米枪弹，可选择全自动或半自动（单发）射击模式。

　　PM-63 冲锋枪的特色在于具有类似一般手枪的套筒设计并采用反冲式操作，且为了降低连射射速，在滑套后端设有一个速率降低装置。而其突出于枪支前端的滑套部分可兼作枪口抑制器用，使得单手便可进行射击准备，只要将滑套向后退，使枪机呈开放状态便可准备射击。PM-63 冲锋枪在枪口下方设有折叠式握把，而扳机也附有重量极轻的伸缩式枪托。该枪扳机本身即为射击模式切换器，扳机扣到一半时进行半自动射击，全扣时则进行全自动连续射击。握柄则兼作弹匣插座用，而弹匣有大型 40 发容量及小型 25 发容量、15 发容量三种。

· 拆解后的 PM-63 冲锋枪 ·

# 智利 SAF 冲锋枪

    SAF 冲锋枪是智利国营轻武器工厂研制的 9 毫米口径冲锋枪，不仅装备了智利军队和警察，还出口到国外。目前，巴西和葡萄牙的军警单位都装备了 SAF 冲锋枪。

    SAF 冲锋枪采用自由后坐式枪机，为了有较高的射击精度，该枪采用闭膛待击，而非同时代大多数自由式枪机的冲锋枪采用开膛待击。SAF 冲锋枪采用旋转照门，可调风偏，射程装置分别有 50 米、100 米和 150 米三个缺口。准星有护翼，可调高低。机匣顶部可安装能快速拆卸的瞄准镜。弹匣采用半透明塑料制成，能看到余弹数量。弹匣容量有 20 发和 30 发两种。

# 保加利亚希普卡冲锋枪

希普卡（Shipka）冲锋枪是保加利亚阿森纳公司于1996年研制的一款9毫米口径冲锋枪，被保加利亚警方和军方所采用，并广泛出口。

希普卡冲锋枪的设计很简单，采用开膛待击的自由后坐式枪机。下机匣连同握把和扳机护圈一起由整块聚合物构成，上机匣是用钢制成。简单的枪托用钢丝制成并可折叠在枪的左侧。该枪采用枪机后坐式自动方式，发射两种枪弹之一：9×18毫米马卡洛夫手枪弹和9×19毫米巴拉贝鲁姆手枪弹。其工作原理和构造没有任何新意，但枪身由聚合材料压模而成，令人印象深刻。

# 韩国 K7 冲锋枪

  K7 冲锋枪是由韩国大宇集团制造的一款微声冲锋枪，2003 年在阿拉伯联合酋长国的"国际防务展览及会议"上首次展出，现已被韩国和印度尼西亚等国的特种部队所采用。

  K7 冲锋枪以气动式自动原理步枪为蓝本，移除气动式结构，并且转换成发射 9 毫米口径弹药。K7 冲锋枪使用滚轮延迟反冲式系统，射击精度较高。该枪装有整体微声器，使用亚音速的 9×19 毫米鲁格弹，以大幅减少射击时的噪声。K7 冲锋枪采用专用的 30 发可拆卸式直弹匣，也可使用"乌兹"冲锋枪的 20 发、25 发、32 发、40 发或 50 发可拆卸式弹匣。K7 冲锋枪有三种发射模式，分别是"半自动""三点发"和"全自动"发射模式。由于微声器将枪声变得扭曲，敌人很难听出 K7 冲锋枪发射的声音。同时，微声器也将枪口火焰消除，即使在夜间也难以发现。

# 步 枪

步枪主要用于发射步枪弹，杀伤暴露的有生目标，有效射程一般为 400 米左右。步枪也可使用刺刀、枪托格斗，有的还可发射枪榴弹，具有点面杀伤和反装甲能力，是现代步兵的基本武器装备。根据作战用途不同，步枪可分为普通步枪、卡宾枪、突击步枪和狙击步枪等。

# 美国 M1 加兰德半自动步枪

  M1 加兰德 (Garand) 半自动步枪 ( 以下简称 M1 步枪 ) 是世界上第一种大量服役的半自动步枪,也是二战中最著名的步枪之一。该枪在 1937 年投产并成为美军制式装备,1957 年才被 M14 自动步枪所取代。

  与同时代的手动后拉枪机式步枪相比,M1 步枪的射击速度有了质的提高,并有着不错的射击精度,在战场上可以起到很好的压制作用。此外,该枪可靠性高,经久耐用,易于分解和清洁,在丛林、岛屿和沙漠等战场上都有出色的表现,被公认为是二战中最好的步枪之一。美军士兵非常喜爱 M1 步枪,部队报告称:"M1 步枪受到了部队的好评。这一称赞不仅来自陆军和海军陆战队,还来自美军全军。该枪出色地通过所有极限环境下的考验,几乎所有的士兵都希望装备 M1 步枪,从未提出过要进一步改进之类的建议。"

拆解后的 M1 加兰德半自动步枪

# 美国 M14 自动步枪

M14 自动步枪是由美国春田兵工厂研制的自动步枪，在 20 世纪 50 年代末取代 M1 加兰德半自动步枪成为美军制式步枪，现已被 M16 突击步枪所取代，但其改良型仍在服役。除美国外，希腊、冰岛、以色列、拉脱维亚、立陶宛、摩洛哥、菲律宾、土耳其、委内瑞拉等国也有采用。

M14 自动步枪具有精度高和射程远的优点，使用 7.62×51 毫米北约标准步枪弹，由可拆卸的 20 发弹匣供弹。此外，该枪备有冬季用扳机、M6 刺刀、M76 枪榴弹发射插座和两脚架等。M14 自动步枪服役后便在丛林作战中大量使用，由于枪身比较笨重，单兵携带弹药量有限，而且弹药威力过大，全自动射击时散布面太大，难以控制精度，在丛林环境中不如苏联的 AK-47 突击步枪 ( 使用中间型威力枪弹 )，导致评价较差，并且很快停产。此后，经过现代化改造的 M14 自动步枪才被美军重新起用。

# 美国 M16 突击步枪

　　M16 突击步枪是由美国著名枪械设计师尤金·斯通纳研制的突击步枪，现由柯尔特公司生产。它是世界上最优秀的步枪之一，也是同口径中生产数量最多的枪械，自 20 世纪 60 年代以来一直是美国陆军的主要步兵武器。

　　M16 突击步枪的枪管、枪栓和机框为钢制，机匣为铝合金，护木、握把和后托则是塑料。该枪采用导气管式工作原理，但与一般导气式步枪不同，它没有活塞组件和气体调节器，而采用导气管。枪管中的高压气体从导气孔通过导气管直接推动机框，而不是进入独立活塞室驱动活塞。高压气体直接进入枪栓后方机框里的一个气室，再受到枪机上的密封圈阻止，因此急剧膨胀的气体便推动机框向后运动。机框走完自由行程后，其上的开锁螺旋面与枪机闭锁导柱相互作用，使枪机右旋开锁，而后机框带动枪机一起继续向后运动。

# 美国 AR-15 突击步枪

AR-15 突击步枪是由美国著名枪械设计师尤金·斯通纳研发的以弹匣供弹、具备半自动或全自动射击模式的一款突击步枪。

AR-15 突击步枪采用导气管式自动方式，拥有航空级铝材的机匣。合成的枪托和握把不容易变形和破裂，模块化的设计使得多种配件的使用成为可能，并且有维护方便的优点。准星可以调整仰角，表尺可以调整风力修正量和射程。另外，半自动型号的 AR-15 和全自动型号的 AR-15 在外形上完全相同，只是全自动版本具有一个选择射击的旋转开关，可以让使用人员在三种设计模式中选择：安全、半自动以及依型号而定的全自动或三发连发。而半自动型号则只有安全和半自动两种模式可供选择。

# 美国 AR-18 突击步枪

　　AR-18 突击步枪是阿玛莱特公司于 1963 年由 AR-15 步枪改进而成的一款突击步枪，虽然未能成为任何一个国家的制式步枪，但其设计对后来的许多步枪都产生了影响。

　　AR-18 突击步枪的结构与 AR-15/M16 系列步枪不同，反而与 M14 自动步枪有些类似，只是拉柄与活塞连杆不是一个总成。这个短行程活塞传动结构后来被许多新型步枪沿用，其优点是可以延迟或者部分规避不良弹药在射击燃烧时所形成的严重积碳。

# 美国 ACR 突击步枪

  ACR 突击步枪是由美国马格普工业公司设计的一种突击步枪，其名称是 Adaptive Combat Rifle( 先进战斗步枪 ) 的简称。ACR 突击步枪于 2007 年在美国佛罗里达州奥兰多的枪械展览会中首次亮相，其军用版本由雷明顿公司生产。

  ACR 突击步枪采用短行程作用气动式及转栓式枪机运作，沿用了 AR-15 系列步枪的一些设计，包括枪管和扳机组。其快慢机也类似于 AR-15，并设有保险、单发和自动三种模式。ACR 突击步枪的枪托同时为折叠式及可调式，并与其手枪握把一样设有存储空间，可用作收藏附品。ACR 突击步枪有五种不同口径的版本，包括 5.56×45 毫米、6.8×43 毫米、7.62×51 毫米、7.62×39 毫米及 5.45×39 毫米。使用者只需通过更换枪管、枪机组件和弹匣插座连弹匣就能转换成上述的任一版本。

# 美国 REC7 突击步枪

REC7 突击步枪是美国巴雷特公司在 M16 突击步枪和 M4 卡宾枪的基础上改进而成的突击步枪，能与 M16、M4 共用大多数零部件。

REC7 突击步枪采用了新的 6.8 毫米雷明顿 SPC(6.8×43 毫米 ) 子弹，其长度与美军正在使用的 5.56 毫米子弹相近，因此可以直接套用美军现有的 STANAG 弹匣。6.8 毫米 SPC 子弹在口径上较 5.56 毫米子弹要大不少，装药量也更多，其停止作用和有效射程比后者要强 50% 以上，虽然枪口初速比 5.56 毫米子弹稍低，但其枪口动能为 5.56 毫米子弹的 1.5 倍。REC7 突击步枪采用 ARMS 公司生产的 SIR 护木，能够安装两脚架、夜视仪和光学瞄准镜等配件，此外还有一个折叠式的机械瞄具。

# 美国 M27 步兵自动步枪

M27 步兵自动步枪 (M27 Infantry Automatic Rifle，M27 IAR) 是美国海军陆战队对德国黑克勒·科赫 HK416 突击步枪的 16.5 英寸 (419.1 毫米 ) 重枪管版本的正式命名。

M27 IAR 的设计是由 HK416 突击步枪改进而成，而 HK416 突击步枪则是以 M4 卡宾枪作为蓝本。M27 IAR 采用冷锻碳钢自由浮动式枪管，鸟笼式枪口消焰器能够安装所有 M16A4 步枪可使用的枪口装置。与 M249 轻机枪相比，M27 IAR 的重量更轻、精度更高，而且许多零配件都可与小队其他成

员使用的 M16 突击步枪、M4 卡宾枪通用。2011 年 4 月，美国海军陆战队员将少量 M27 IAR 带到了阿富汗战场，以前使用 M249 的机枪手最初不喜欢 M27 IAR，但随着时间的推移，都对它加以赞赏。在战斗中，甚至有些使用 M27 IAR 的机枪手已经被视为特等射手。一名 M27 IAR 机枪手的单发瞄准目标射击已经具有来自 M249 机枪手的三发或四发全自动射击的效果。

# 美国 M24 狙击手武器系统

M24 狙击手武器系统 (M24 Sniper Weapon System，M24 SWS) 是雷明顿 700 步枪的衍生型之一，提供给军队及警察用户，在 1988 年正式成为美国陆军的制式狙击步枪。目前，美国陆军正用 M110 狙击步枪逐步取代 M24 SWS。

为了耐受沙漠恶劣的气候，M24 SWS 特别采用碳纤维与玻璃纤维等材料合成枪身枪托，可在 − 45℃ ~ + 65℃气温变

# 美国 M40 狙击步枪

M40 狙击步枪是雷明顿 700 步枪的衍生型之一，是美国海军陆战队自 1966 年以来的制式狙击步枪，其改进型号目前仍在服役。

早期的 M40 狙击步枪全部装有雷德菲尔德 3 ~ 9 倍瞄准镜，但瞄准镜及木制枪托在越南的炎热潮湿环境下出现受潮膨胀等严重问题，以致无法使用。之后的 M40A1 和 M40A3 换装了玻璃纤

维枪托和翁厄特尔 (Unertl) 瞄准镜，加上其他功能的改进，逐渐成为性能优异的成熟产品。据称，在美国海军陆战队的狙击作战中，即使用力敲击该枪的瞄准镜，其零位也会保持不变。在美国，M40A3 狙击步枪被视为现代狙击步枪的先驱，被称为冷战"绿色枪王"，在美国参与的局部战争中频频露脸。

化中正常使用。该枪由弹仓供弹，装弹 5 发，发射美国 M118 式 7.62 毫米特种弹头比赛弹。该枪的精度较高，射程可达 1000 米，但每打出一颗子弹就要拉动枪栓一次。M24 SWS 对气象物候条件的要求很严格，潮湿空气可能改变子弹方向，而干热空气又会造成子弹打高。为了确保射击精度，该枪设有瞄准具、夜视镜、聚光镜、激光测距仪和气压计等配件，远程狙击命中率较高，但使用较为烦琐。

# 美国 M82 狙击步枪

M82 狙击步枪是由美国巴雷特公司研制的重型特殊用途狙击步枪，主要有 M82A1、M82A2 和 M82A3 三种型别。

M82 狙击步枪是美军唯一的"特殊用途的狙击步枪"(Special Application Scoped Rifle，SASR)，可以用于反器材攻击和引爆弹药库。它具有超过 1500 米的有效射程，甚至有过 2500 米的命中记录，超高动能搭配高能弹药，可以有效地摧毁雷达站、卡车、战斗机 ( 停放状态 ) 等战略物资。由于 M82 狙击步枪可以打穿许多墙壁，因此也被用来攻击躲在掩体后的人员，不过这并不是主要用途。除了军队以外，美国很多执法机关也钟爱此枪，包括纽约警察局，因为它可以迅速拦截车辆，一发子弹就能打坏汽车发动机，也能很快打穿砖墙和水泥，适合城市战斗。

# 美国 M110 狙击步枪

M110 狙击步枪是由美国奈特军备公司 (Knight's Armament Company，KAC) 推出的 7.62 毫米口径半自动狙击步枪，被评为"2007 年美国陆军十大发明"之一。

在阿富汗和伊拉克执行作战任务的美军都装备了 M110 狙击步枪。有的士兵认为，M110 狙击步枪的半自动发射系统过于复杂，反而不如运动机件更少的 M24 狙击步枪精度高。一般情况下，配用 7.62 毫米弹药的 M24 狙击步枪最大有效射程为 800 米，配用相同弹药的 M110 狙击步枪的有效射程虽然超过了 1000 米，但射击精度却明显不如前者。一些狙击手表示，为了杀伤敌人，他们不得不冒着暴露自身的危险多次射击，有时甚至被迫重新使用更加稳定的 M24 狙击步枪。

# 美国 M98B 狙击步枪

M98B 狙击步枪是由美国巴雷特公司研制的一款旋转后拉式枪机式手动狙击步枪，于 2008 年 10 月正式公布，2009 年年初开始销售。该枪是在 M98 狙击步枪的基础上改进而成，发射 0.338 Lapua Magnum 枪弹。

· 装有两脚架和光学瞄准镜的 M98B 狙击步枪 ·

M98B 狙击步枪是一款威力适中的远距离狙击步枪，威力介于 7.62 毫米和 12.7 毫米两种主流口径狙击步枪之间。该枪精度较高，在 500 米距离弹着点散布直径是 6 厘米，在 1600 米距离可以无修正命中人体目标，且可达到"一枪毙命"的效果。M98B 狙击步枪不但是有效的反人员狙击步枪，也可以在一定程度上作为反器材步枪使用。

# 美国 MRAD 狙击步枪

  MRAD(Multi-Role Adaptive Design) 狙击步枪是由美国巴雷特公司研发生产的旋转后拉式枪机式手动狙击步枪，发射 0.338 Lapua Magnum 枪弹。该枪以巴雷特 M98B 狙击步枪为蓝本，按照美国特种作战司令部制定的规格改进而来。

  MRAD 狙击步枪的外形和巴雷特 M98B 狙击步枪基本相同，主要区别在于取消了原来的固定枪托，换为可折叠的塑料枪托。MRAD 狙击步枪装有一根重型的自由浮置式枪管，目前全长有三种，分别为 685.8 毫米、622.3 毫米和 508 毫米，枪管具有凹槽以增加散热速度。MRAD 狙击步枪由一个可拆卸弹

匣从下机匣弹匣口供弹，让使用者即使面对大量目标也能够维持不会很快就中断的火力。弹匣卡榫就在扳机护圈前方，使用者可以用食指拆卸弹匣及重新装填。

· 简单拆解后的 MRAD 狙击步枪 ·

# 美国 XM2010 狙击步枪

　　XM2010 狙击步枪是由美国雷明顿公司研制的手动狙击步枪，发射 7.62×67 毫米枪弹。2011 年 1 月 18 日，美国陆军开始向 2500 名狙击手发配 XM2010 狙击步枪。同年 3 月，美国陆军狙击手在阿富汗的作战行动中使用了 XM2010 狙击步枪。

　　雷明顿公司宣称：每一支试验的 XM2010 狙击步枪需要达到 ( 而且通常超出 ) 美国陆军提出的在 180 米距离散布圆直径等于或小于 1 MOA 的指标，然后才会装备至部队。而参与测试的美国陆军狙击兵学校也宣称他们在白天和夜晚都进行了大量的试射，认为该武器完全满足指标，而且人体工程学比其他狙击步枪更为出色。

# 美国 R11 狙击步枪

R11 狙击步枪是由美国雷明顿公司研制的半自动狙击步枪，全称为 R11 雷明顿半自动狙击手系统 (R11 Remington Semi-Automatic Sniper System，R11 RSASS)，发射 7.62×51 毫米北约步枪弹。

为了达到最大精度，R11 RSASS 的枪管以 416 型不锈钢制造，并且经过低温处理，有 457.2 毫米和 558.8 毫米两种枪管长度，标准膛线缠距为 1 ：10。枪口装上了先进武器装备公司 (AAC) 的制动器，可减轻后坐力并减小射击时枪口的上扬幅度，还能够利用其装上 AAC 公司的快速安装及拆卸消声器。R11 RSASS 没有内置机械瞄具，但有一条 MIL-STD-1913 战术导轨在枪托底部，平时装上保护套，可按照使用者需要来安装额外的背带或后脚架。

# 美国 AR-50 狙击步枪

AR-50 狙击步枪是由美国阿玛莱特 (Armalite) 公司于 20 世纪末研制及生产的单发旋转后拉式枪机重型狙击步枪 ( 反器材步枪 )，发射 12.7×99 毫米北约步枪弹。该枪在 1999 年的美国狩猎用品展览会上首次公开，同年开始对民间发售。

虽然 AR-50 狙击步枪是一支高精度的大口径步枪，但它的地位很快被巴雷特 M82 系列所取代，因为巴雷特 M82 系列在战斗期间远比 AR-50 狙击步枪有效。只有一发子弹的 AR-50 狙击步枪无法在短时间内攻击多个目标，但巴雷特 M82 系列却可以。目前 AR-50 狙击步枪仅作为民用，主打低端市场，其销售价格较同类型武器低约 50%。

# 美国 AR-30 狙击步枪

AR-30 狙击步枪是阿玛莱特公司在 AR-50 狙击步枪基础上改进而来的狙击步枪，2003年开始生产并对民间市场发售，不久之后又被执法机构采用。

AR-30 狙击步枪的扳机力小、后坐力小，但制动器有枪口焰现象，并且噪声较大。枪管使用 4140 钢制成，有 6 条膛线，缠距 254 毫米。供弹具是一个 5发、单排、可卸式弹匣。所有金属零部件表面经麻点黑色亚光处理，而铝枪托表面经黑色喷涂处理。总体来说，AR-30 狙击步枪的综合性能出色，无论是在军事、执法领域，还是在远距离射击比赛和狩猎运动中，都有较好的应用前景。

# 美国 SR-25 狙击步枪

SR-25 狙击步枪是一款由美国著名枪械设计师尤金·斯通纳设计、奈特公司出品的半自动步枪，其设计是基于 AR-10 自动步枪。目前，美国陆军、海军、海军陆战队以及一些私人军事承包商都已经装备了 SR-25 狙击步枪。

为使 SR-25 的精度能够达到狙击步枪的水准，奈特公司经过多番比较，最终选择了雷明顿公司制造的 5R 重型枪管，除了 SR-25 狙击步枪之外，M24 狙击步枪也使用这种长 610 毫米的枪管。SR-25 狙击步枪的枪管采用浮置式安装，枪管与上机匣连接，两脚架安在枪管套筒上，枪管套筒不接触枪管。SR-25 狙击步枪没有机械瞄具，所有的型号都有皮卡汀尼导轨，用来安装各种型号的瞄准镜。虽然 SR-25 狙击步枪主打民用市场，但其性能完全达到了军用狙击步枪的要求，而且 SR-25 狙击步枪的野外分解和维护比 M16 突击步枪更加方便，在勤务性能方面也毫不逊色。

· 美国海军陆战队士兵正在测试 SR-25 狙击步枪 ·

# 美国 SRS 狙击步枪

    SRS 狙击步枪是由美国沙漠战术武器公司研制的一款无托结构手动狙击步枪，其名称为"隐形侦察兵"(Stealth Recon Scout，SRS)。该枪在 2008 年首次公开展示，目前已被格鲁吉亚军队所采用。

    SRS 狙击步枪最初设计发射 0.338 Lapua Magnum 步枪弹，之后陆续增加了其他五种口径：0.243 Winchester(6.2×52 毫米)、0.308 Winchester(7.62×51 毫米 NATO)、0.300 Winchester Magnum(7.62×63 毫米)、0.260 Remington(6.5×51 毫米) 和 6.5×47 毫米 Lapua。这些口径可以通过更换枪管和枪机的方式进行转换。SRS 狙击步枪是为数不多的采用无托结构布局的手动枪机狙击步枪，机匣、弹匣和枪机的位置都改为手枪握把后方的枪托内，因此操作上与其他大多数传统步枪设计略有不同。这种布局也将更多的重量转移到步枪后方，大大地提高了武器的平衡性。

# 美国 CS5 狙击步枪

CS5 狙击步枪是美国麦克米兰公司于 2012 年推出的紧凑型手动狙击步枪，发射 .308 温彻斯特 (7.62×51 毫米 ) 步枪弹。

---

# 美国 HTI 狙击步枪

HTI 狙击步枪是美国沙漠战术武器公司设计制造的无托手动狙击步枪 ( 反器材步枪 )，其名称意为 "硬目标拦截" (Hard Target Interdiction)。该枪在 2012 年 SHOT Show 上首次公开展示，同年开始批量生产。

· HTI 狙击步枪及其不同口径的枪管 ·

　　CS5 狙击步枪具有粗壮型和标准型两种配置可供选择，前者可满足特警或反恐狙击手近距离作战使用，后者适用于狙击距离一般在 500 米的特种部队和军事承包商等特殊用户。该枪的比赛级自由浮置式枪管是由不锈钢制成，枪口可以安装制动器，需要时还可以安装消音器。

　　由于采用了无托结构，HTI 狙击步枪的机匣、弹匣和枪机的位置都改为手枪握把后方的枪托内，因此操作上与大多数传统手动步枪略有不同。该枪的标准枪管上装有一个圆柱形四室式枪口制动器，需要时可换装消音器或者枪口帽。HTI 狙击步枪可在 .50 BMG、.416 Barret、.408 CheyTac 和 .375 CheyTac 四种口径中任意转换，四种口径的枪管长均为 736.6 毫米，只是枪口制退器的尺寸不同，所以长度略有差异，但长度很接近。

# 美国 M4 卡宾枪

M4 卡宾枪 (M4 Carbine) 是 M16 突击步枪的缩短版本，现已被世界各国的军队及警队广泛采用。

M4 卡宾枪比 M16 突击步枪更短，枪管缩短至 368.3 毫米，重量也较轻，令使用者能在近战时快速瞄准目标，两者有 80% 的部件可以共用。美军最初版本的 M4 卡宾枪只有"单发"及"三点发"两种模式，其后的改进型 M4A1 以"全自动"取代"三点发"模式。M4 和 M4A1 均使用 5.56 毫米口径的 SS109 子弹，而且仍采用 M16 突击步枪特有的气体直推传动方式。M4 卡宾枪有两种瞄准具：一种是光学瞄准具；另一种是轻型热成像瞄准具，利用目标的热影像来确定目标。虽然 M4 卡宾枪具有紧凑及轻巧等优点，但它的短枪管使得初速及火力降低，缩短的导气系统令射击声音增大，枪管过热也较快。

# 美国 CM901 卡宾枪

　　CM901 卡宾枪是柯尔特公司于 2010 年推出的模块化步枪，也被称为"柯尔特模块式卡宾枪"（Colt Modular Carbine，CMC）。

# 美国 SAM-R 精确射手步枪

　　SAM-R 精确射手步枪是美国海军陆战队在班一级单位装备的专用精确射手步枪，正式名称为"班用高级神枪手步枪"（Squad Advanced Marksman Rifle，SAM-R）。

　　SAM-R 精确射手步枪是以成熟的 M16 系列突击步枪改装而来，继承后者优点的同时，也根据美国海军陆战队员的需求进行了合理改进。最初的试验型是由 M16A2 改换不锈钢比赛级重型枪管、M16A1 扳机组等零部件而来，能进行单发和连发射击。现在使用的 SAM-R 精确射手步枪普遍使用 M16A4 改装，下机匣也是标准的 M16A4，所以只能进行单发和三发点射。为了提高精度，SAM-R 精确射手步枪采用了 M16A1 的一道火扳机，枪管前端安装标准的 M16A2 消焰器。总的来说，SAM-R 精确射手步枪能很好地满足精确射手的作战需求。

CM901 卡宾枪采用一个一体式护木的上机匣，但这个上机匣的主要目的是为了发射 7.62 毫米北约标准弹，CM901 卡宾枪的独特之处是它的下机匣，这是一个通用部件，能够装配上任何一个标准的 M16/M4 的上机匣，这样，用户不需要专门工具或专门训练，就像一般的分解维护一样，只需要简单地顶出固定销，把 CM901 卡宾枪的上机匣换成其他 AR 步枪的上机匣，就能改变它的口径。CM901 卡宾枪下机匣的左右两侧都有保险 / 快慢机柄、空仓挂机解脱杆和弹匣解脱按钮，因此左右手都方便操作。

■ 在阿富汗战场上使用 SAM-R 的美国海军陆战队士兵

# 美国 M14 DMR 精确射手步枪

    M14 DMR(M14 Designated Marksman Rifle) 精确射手步枪是以 M14 自动步枪为基础开发给美国海军陆战队的半自动武器，发射 7.62×51 毫米北约标准步枪弹。

    M14 DMR 精确射手步枪是在 M14 自动步枪基础上更换麦克米兰 M2A 枪托和优质的比赛枪管而成，比 M14E2 的木质枪托轻了 0.45 千克，脚架为哈里斯公司的产品，瞄准镜架采用布鲁克菲尔德公司的产品。M14 DMR 精确射手步枪以重量轻、精度高为设计目标，相比用途相同、发射 5.56×45 毫米弹药的 M16A4，发射 7.62×51 毫米北约标准弹药的 M14 DMR 威力更大。在改装完成后，每支 M14 DMR 会发射 1 发高压测试弹和 30 发 M118 弹进行测试，而每支合格的 M14 DMR 精确射手步枪的精度测试要求在 300 米距离上每组射弹散布不大于 3×3 英寸，测试合格后的 M14 DMR 精确射手步枪会在枪管右后方一侧打上标记。

· 使用 M14 DMR 的美国海军陆战队士兵 ·

·美国海军陆战队士兵在伊拉克战场上使用 M14 DMR 精确射手打枪·

# 俄罗斯莫辛 - 纳甘步枪

莫辛 - 纳甘 (Mosin-Nagant) 步枪是由设计者苏联陆军上校莫辛和比利时枪械设计师纳甘共同命名的步枪，多种型号的莫辛 - 纳甘步枪在苏联红军以及俄罗斯军队作为制式武器服役，在两次世界大战及其后的多场局部战争中都有使用。

莫辛 - 纳甘步枪的优点是易于生产、使用简单可靠，不需太多地维护。它采用传统的旋转后拉式枪栓与弹仓供弹的设计，整体弹仓位于枪托下扳机护圈前面，使用能携带 5 发子弹的弹夹，通过机匣顶部的抛壳口单发或用弹夹填装，弹仓口有一个隔断面器，用于枪弹上膛时隔开第二发子弹。早期的可拆卸刺刀通过管状插座套在枪口上，后期改为不可拆卸的折叠式刺刀。莫辛 - 纳甘步枪使用 7.62×54 毫米枪弹，采用突底缘锥形弹壳，最初采用被甲铅芯圆形弹头 ( 初速 615 米 / 秒 )，后来改用尖头弹 ( 初速 860 米 / 秒 )。

# 俄罗斯 AK-47 突击步枪

AK-47 突击步枪是由苏联著名枪械设计师米哈伊尔·季莫费耶维奇·卡拉什尼科夫设计的突击步枪，20 世纪 50 年代至 80 年代一直是苏联军队的制式装备。该枪是世界上最著名的步枪之一，制造数量和使用范围极为惊人。

与二战时期的步枪相比，AK-47 突击步枪的枪身短小、射程较短、火力强大，适合较近距离的突击作战。AK-47 突击步枪的枪机动作可靠，即使在连续射击时或有灰尘等异物进入枪内时，它的机械结构仍能保证它继续工作。在沙漠、热带雨林、严寒等极度恶劣的环境下，AK-47 突击步枪仍能保持相当好的效能。此外，AK-47 突击步枪结构简单，易于分解、清洁和维修。AK-47 突击步枪的主要缺点是全自动射击时枪口上扬严重，枪机框后坐时撞击机匣底，机匣盖的设计导致瞄准基线较短，瞄准具不理想，因此射击精度较差，特别是在 300 米以外难以准确射击，连发射击时精度更低。

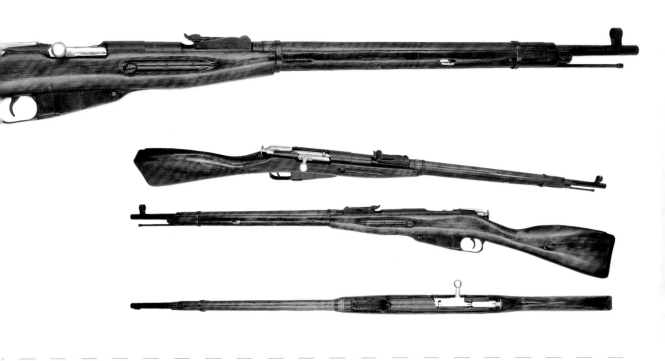

# 俄罗斯 AKM 突击步枪

  AKM(Avtomat Kalashnikov Modernizirovannyi，卡拉什尼科夫自动步枪改进型 ) 突击步枪是由卡拉什尼科夫在 AK-47 突击步枪的基础上改进而来的，1959 年投产，逐渐取代 AK-47 突击步枪成为苏联军队的制式步枪。

  作为 AK-47 突击步枪的升级版，AKM 突击步枪更实用，更符合现代突击步枪的要求。AKM 突击步枪的突出特点是用冲铆机匣代替 AK-47 突击步枪的铣削机匣，不仅大大降低了生产成本，而且减轻了重量。AKM 突击步枪扳机组上增加的"击锤延迟体"，从根本上消除了哑火的可能性。在试验记录上，AKM 突击步枪从未出现一次因武器方面引起的哑火现象，可靠性良好。

# 俄罗斯 AK-74 突击步枪

AK-74 突击步枪是卡拉什尼科夫于 20 世纪 70 年代在 AKM 突击步枪基础上改进而来的，它是苏联装备的第一种小口径突击步枪，直至现在仍然是许多国家的制式步枪。

与 AK-47 突击步枪和 AKM 突击步枪相比，AK-74 突击步枪的口径减小，射速提高，后坐力减小。由于使用了小口径弹药并加装了枪口装置，AK-74 突击步枪的连发散布精度大大提高，不过单发精度仍然较低，而且枪口装置导致枪口焰比较明显，尤其是在黑暗中射击。此外，AK 系列枪机撞击机匣的问题依然没有解决，且仍采用缺口式照门，射击精度仍低于一些西方枪械。但 AK-74 突击步枪仍不失为一把优秀的突击步枪，它使用方便，未经过训练的人也能很轻松地进行全自动射击。时至今日，AK-74 突击步枪的使用已有三十余年，经受了阿富汗战争和车臣战争的实战考验。

# 俄罗斯 APS 水下突击步枪

APS 水下突击步枪是苏联于 20 世纪 70 年代研制的一种水下枪械，1975 年被军方正式采用，并由图拉兵工厂负责生产，俄罗斯国防出口公司负责出口。

APS 水下突击步枪发射特制的 5.66 毫米箭形弹，该子弹长 120 毫米。APS 水下突击步枪以 26 发容量的聚合物制弹匣供弹，其枪管并没有膛线。因此，APS 水下突击步枪并不适合在水上使用，否则会令精度下降，还会降低寿命。APS 水下突击步枪能够有效地对付穿着潜水衣和防护头盔的敌人，同时还能穿透他们厚实坚硬的水下呼吸器材和一些小型水下载具的塑胶外壳。据称，APS 水下突击步枪比部分手枪有着更大的杀伤力，但同时也因其笨重的枪身而需要较长时间瞄准，特别是在水中摆动的时候。

# 俄罗斯 AS Val 微声突击步枪

AS Val 突击步枪是苏联中央精密机械工程研究院于 20 世纪 80 年代为特种部队研制的一款微声突击步枪，AS 是 Avtomat Spetsialnij 的缩写，即"特种突击步枪"。

# 俄罗斯 SVD 狙击步枪

SVD( 俄语"德拉贡诺夫狙击步枪"的缩写 ) 狙击步枪是由苏联设计师德拉贡诺夫在 1958 年至 1963 年间研制的半自动狙击步枪，也是现代第一支为支援班排级狙击与长距离火力支援用途而专门制造的狙击步枪。

随着莫辛 - 纳甘 M1891/30 狙击步枪的退役，SVD 狙击步枪逐渐成为苏联军队的主要精确射击装备。但由于苏军狙击手是随同大部队进行支援任务的，而不是以小组进行渗透、侦察、狙击，以及反器材 / 物资作战，因此 SVD 狙击步枪发挥的作用有限，仅仅将班排单位的有效射程提升到 800 米，更远距离的射击能力则受限于 SVD 狙击步枪光学器材与枪支性能。即便如此，SVD 狙击步枪的可靠性仍然是公认的，这使 SVD 狙击步枪被长期而广泛地使用，在许多局部冲突中都曾出现过。

AS Val 突击步枪与 VSS 微声狙击步枪是同一系列的武器，两种步枪都是以小型突击步枪的机匣为基础研制的，两种步枪的主要区别是枪托和握把的不同，另外 AS Val 突击步枪虽然也可以发射 SP-6 和 PAB-9 特种弹，但主要发射便宜的 SP-5 普通弹。AS Val 突击步枪与 VSS 微声狙击步枪在 20 世纪 80 年代后期开始装备部队，被俄罗斯的侦察部队和特种部队广泛采用。

# 俄罗斯 VSS 微声狙击步枪

VSS(Vinovka Snaiperskaja Spetsialnaya，特种狙击步枪) 微声狙击步枪是苏联研发的一种微声狙击步枪，又被称为 Vintorez( 螺纹剪裁机 )。VSS 微声狙击步枪自 20 世纪 80 年代投入使用，在车臣作战的俄罗斯特种部队经常使用这种武器。

VSS 微声狙击步枪与 AS 突击步枪 ( 苏联研制的 9 毫米特种突击步枪 ) 都是以小型突击步枪的机匣为基础研制的，两者的结构原理完全一样。在外形上，两者的区别主要是枪托和握把的不同。VSS 微声狙击步枪取消了独立小握把，改为框架式的木制运动型枪托，枪托底部有橡胶底板。此外，两者的弹匣可以通用，但 VSS 微声狙击步枪的标准配备是 10 发弹匣。AS 突击步枪主要发射便宜的 SP-5 普通弹，VSS 也可以发射 SP-5 普通弹，但主要发射 SP-6 穿甲弹。

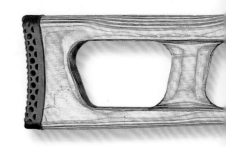

# 俄罗斯 OTs-14 突击步枪

OTs-14 突击步枪是俄罗斯现役的全自动无托突击步枪，使用 9×39 毫米亚音速弹药。OTs-14 突击步枪开发于 20 世纪 90 年代前期，由俄罗斯图拉市的中央运动与捕猎用枪设计局设计，图拉兵工厂负责生产。

OTs-14 突击步枪是在 AKS-74U 卡宾枪的基础上改进而来的，继承了后者的气动式活塞系统和转栓式枪机闭锁系统，以及气冷枪管、弹匣供弹等特性。OTs-14 突击步枪与 AKS-74U 卡宾枪有 75% 的部件是可以互换的，主要零件也是从 AKS-74U 改良所得，并有所简化，以降低生产成本。由于采取了模块化设计，任何一种 OTs-14 型号都能通过更换零件变成另一种，以适应不同任务的需要。OTs-14 突击步枪采用了无托结构，提高了便携性并使枪的重量平衡，易于单手握持，并可以像手枪一样单手射击。

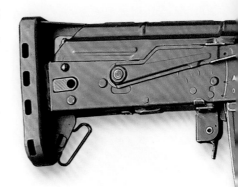

# 俄罗斯 AN-94 突击步枪

AN-94 突击步枪是俄罗斯军队现役的现代化小口径突击步枪，由根纳金·尼科诺夫于 1994 年研制，1997 年 5 月开始服役。

AN-94 突击步枪的精准度极高，在 100 米距离上以站姿无依托连发射击时，头两发弹着点距离不到 2 厘米，远胜于 SVD 狙击步枪发射专用狙击弹的效果，甚至不弱于以高精度著称的 SV-98 狙击步枪。但这种高精准度却并非所有的士兵都需要，对于普通士兵来说，AN-94 突击步枪的两发点射并没有多大帮助，而且现代战争中突击步枪多用于火力压制，AN-94 突击步枪与 AK-74 突击步枪所发挥的作用并没有太多差别。尽管 AN-94 突击步枪的内部结构精细，但外表处理得比较粗糙，容易磨破衣服或擦伤皮肤。

# 俄罗斯 AK-12 突击步枪

AK-12 突击步枪是由俄罗斯伊兹马什公司针对 AK 枪族的常见缺陷而改进的现代化突击步枪，它是 AK 枪族的最新成员，于 2012 年年初正式亮相，并于当年完成了初步测试。

AK-12 突击步枪的原型 AK-200 是以 AK-74M 突击步枪为基础，加上经过改进的外部设计，其中最大的改进是在机匣盖后端和照门的位置增加了固定装置，以便安装 MIL-STD-1913 战术导轨桥架后避免射击时跳动。此外，该枪的护木上也整合了战术导轨，以便能安装对应的多种模块化战术配件。在改进为 AK-12 以后，许多结构和细节都重新进行了设计，虽然仍被称为卡拉什尼科夫系列自动步枪，但实际上该枪的设计已经与卡拉什尼科夫步枪迥异了。

# 俄罗斯 9A-91 突击步枪

    9A-91 突击步枪是由俄罗斯 KBP 仪器设计局于 20 世纪 90 年代初研制的一款突击步枪，目前被俄罗斯军队、警察少量装备。

    与功能和用途类似的 SR-3 和 AK-9 突击步枪相比，9A-91 突击步枪具有一定的优势，例如，比 SR-3 突击步枪更加便宜，人机功效也更好。9A-91 突击步枪虽然有效射程可达 200 米，但由于瞄准基线过短、亚音速子弹本身的飞行轨迹也太过弯曲，所以实际有效射程只有 100 米。不过它发射的 9×39 毫米亚音速步枪子弹仍然比使用手枪子弹的冲锋枪以及短枪管的卡宾枪有着更大的威力，能够贯穿具有三级个人防护能力的头盔和防弹背心。

# 俄罗斯 SV-98 狙击步枪

    SV-98 狙击步枪是由俄罗斯枪械设计师弗拉基米尔·斯朗斯尔研制，伊兹马什公司生产的手动狙击步枪，以高精度著称。在 1998 年，SV-98 狙击步枪被俄罗斯执法机关和反恐怖部队少量试用，2005 年年底正式被俄罗斯军方采纳。在 2010 年，亚美尼亚军方也购入了 52 支 SV-98 狙击步枪。

    与 SVD 和 VSS 狙击步枪强调战术灵活性不同，SV-98 狙击步枪的战术定位专一而明确：专供特种部队、反恐部队及执法机构在反恐行动、小规模冲突以及抓捕要犯、解救人质等行动中使用，以隐蔽、突然的高精度射击火力狙杀白天或低照明度条件下 1000 米以内、夜间 500 米以内的重要有生目标。SV-98 狙击步枪的射击精度远高于发射同种枪弹的 SVD，甚至不逊于以高精度闻名的奥地利 TPG-1 狙击步枪。不过，SV-98 狙击步枪的保养比较烦琐，使用寿命也较短。

# 俄罗斯 SV-99 狙击步枪

SV-99 狙击步枪是俄罗斯伊兹马什公司 ( 现卡拉什尼科夫集团 ) 专门为俄罗斯特种部队设计的一种小口径、轻型、近距离狙击步枪。在时下狙击步枪都流行增大威力和射程的趋势下，SV-99 狙击步枪却采用了口径较小的 .22LR(5.6×15 毫米 ) 步枪弹。

SV-99 狙击步枪采用了肘节式闭锁机构的直拉式枪机，枪管为冷锻成型，有 6 条右旋膛线，枪膛没有镀铬。SV-99 狙击步枪的结构非常紧凑，可以分解成几个部分，能很方便地使用中号背包或者盒子来携带。该枪换装手枪式小握把后，有利于在狭窄的近战环境中操作。SV-99 狙击步枪采用可拆卸式弹匣供弹，塑料制弹匣的容量是 5 发，但是也可以使用 8 发或 10 发容量的弹匣。

# 俄罗斯 SVU 狙击步枪

· 装有背带的 SVU 狙击步枪 ·

SVU 狙击步枪是 SVD 狙击步枪的衍生型之一，采用无托结构，主要用户为俄罗斯内政部部队。严格地说，虽然 SVU 是 SVD 的改进型，且有 40% 的零件通用，但与 SVDS 及 SVDK 狙击步枪不同的是，SVU 狙击步枪的研制与德拉贡诺夫毫无关系，因而其名称中也没有德拉贡诺夫名字的缩写。

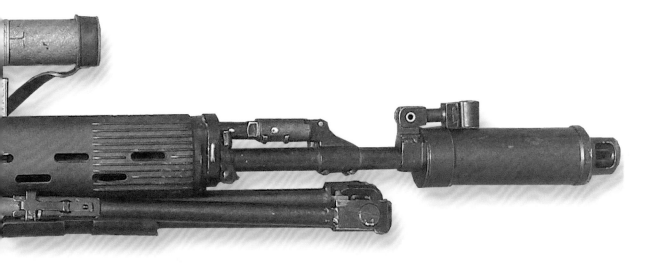

SVU 狙击步枪采用犊牛式设计，枪身全长缩短至 870 毫米。由于枪身缩短，照门与准星均改为折叠式，以免干扰 PSO-1 瞄准镜操作。虽然 7.62×54R 子弹的威力绰绰有余，但是为了抑止反冲并增加射击稳定度，SVU 狙击步枪的枪口制动器采用三重挡板设计并且能够与抑制器整合在一起。为适应在近距离战斗中使用，SVU 狙击步枪在枪口上还有特制的消声消焰装置。SVU 搭配可拆卸两脚架、10 发或 20 发装弹匣，使用者可根据自身的需求选择。

# 俄罗斯 VSK-94 狙击步枪

　　VSK-94狙击步枪是俄罗斯研制的一款小型微声狙击步枪，该枪即便上满子弹重量也仅为3.93千克，而且体积小巧，非常适合特种部队使用，所以该枪在俄罗斯特种部队中有很高的声誉。

　　VSK-94狙击步枪发射9×39毫米子弹，能准确地对400米内的所有目标发动突击。该枪能安装高效消声器，以便在射击时减小噪声，还能完全消除枪口火焰，能大大提高使用者的隐蔽性和攻击的突然性。VSK-94狙击步枪的消音效果极好，在50米的距离外，它的枪声几乎是听不见的。

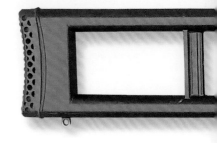

# 俄罗斯 KSVK 狙击步枪

　　KSVK狙击步枪是俄罗斯研制的一款12.7毫米大口径重型无托结构狙击步枪（反器材步枪），主要用途是反狙击、贯穿厚厚的墙壁和轻型装甲战斗车辆。目前，有少量的KSVK狙击步枪被俄罗斯特种部队所使用。

　　KSVK狙击步枪可以通用12.7毫米大口径普通机枪弹，也可以使用专门的高精度狙击弹，

以提高在远距离上的射击精度。图拉弹药工厂为KSVK狙击步枪特别生产了命名为SPB-12.7的高精度子弹，拥有不错的射击精度。即便不使用高精度狙击弹，KSVK狙击步枪也能在300米的距离击中直径16厘米的圆靶。作为反狙击步枪，KSVK狙击步枪能够贯穿厚厚的砖墙或木板墙并且杀伤躲在墙壁后面的敌人（不论是否穿上防弹衣）。

# 德国 Kar98k 半自动步枪

Kar98k 半自动步枪是由 Gew 98 毛瑟步枪改进而来的半自动步枪，它是二战中德国军队广泛装备的制式步枪，也是战争期间产量最多的轻武器之一。

Kar98k 的用途较多，可加装 4 倍、6 倍光学瞄准镜作为狙击步枪投入使用。Kar98k 狙击步枪共生产了近 13 万支并装备部队，还有相当多精度较好的 Kar98k 被挑选出来改装成狙击步枪。此外，Kar98k 还可以加装枪榴弹发射器以发射枪榴弹。这些特性使 Kar98k 半自动步枪成为德军在二战期间使用最广泛的步枪。不过，战争后期德国物资匮乏，步枪的制作日益简陋，Kar98k 半自动步枪的质量也每况愈下。而且战场上的对手装备了半自动步枪，性能优异的 Kar98k 也显得过时了，于是相继推出了 Gew 43、StG44 等新式步枪，但它们的产量及出现时间依然无法替代 Kar98k。

# 德国 StG44 突击步枪

StG44(Sturmgewehr 44) 突击步枪是德国在二战时期研制并装备的一款突击步枪，它是首先使用短药筒的中间型威力枪弹并大规模装备的突击步枪，也是世界上第一种真正意义上的突击步枪。二战后，苏联曾对缴获的 StG44 突击步枪做过技术评估，并把部分缴获的步枪及其他二战时期的军火输送到多个国家作为军事援助。

StG44 突击步枪具有冲锋枪的猛烈火力，连发射击时后坐力小，易于掌握，在 400 米距离内拥有良好的射击精度，威力也接近普通步枪弹，且重量较轻，便于携带。该枪成功地将步枪与冲锋枪的特性相结合，受到德国前线部队的广泛好评。

# 德国 HK G3 自动步枪

HK G3 自动步枪是由德国黑克勒－科赫公司于 20 世纪 50 年代研制的自动步枪，是世界上制造数量最多、使用最广泛的自动步枪之一。

HK G3 自动步枪采用半自由枪机式工作原理，零部件大多是冲压件，机加工件较少。机匣为冲压件，两侧压有凹槽，起导引枪机和固定枪尾套的作用。枪管装于机匣之中，并位于机匣的管状节套的下方。管状节套点焊在机匣上，里面容纳装填拉杆和枪机的前伸部。装填拉柄在管状节套左侧的导槽中运动，待发时可由横槽固定。发射机构是一个独立的组合件，用连接销固定在机匣上。HK G3 自动步枪的枪管采用普通膛线，弹膛内壁开有 12 条纵向槽，以降低抽壳阻力。枪口部有螺纹，并有一个锯齿形的圆环，用以安装消焰器固定卡簧或发射空包弹的附件。该枪采用机械瞄准具，并配有光学瞄准镜和主动式红外瞄准具。

# 德国 HK G36 突击步枪

HK G36 突击步枪是由德国黑克勒－科赫公司于 1995 年推出的现代化突击步枪，是德国联邦国防军自 1995 年以来的制式步枪。

HK G36 突击步枪大量使用高强度塑料，质量较轻、结构合理、操作方便，"模块化"设计大大地提高了它的战术性能。其模块化优势体现在只用一个机匣，变换枪管、前护木就能组合成 MG36 轻机枪、G36C 短突击步枪、G36E 出口型、G36K 特种部队型和 G36 标准型等多种不同用途的突击步枪。由于步枪的射击活动部件大都在机匣内，多种枪型使用同一机匣，步枪的零配件大大减少。在战场上，轻机枪的枪机打坏了，换上短突击步枪的枪机就可以继续使用。

# 德国 HK416 突击步枪

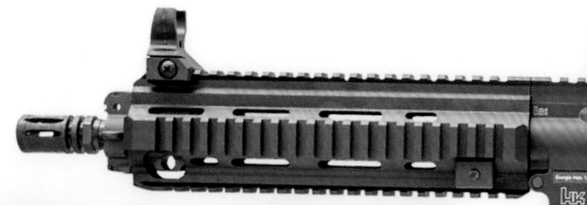

· 美军士兵试射 HK416 突击步枪 ·

HK416 突击步枪是由德国黑克勒 - 科赫公司结合 HK G36 突击步枪和 M4 卡宾枪的优点设计的一款突击步枪，其项目负责人为美国"三角洲"特种部队退伍军人拉利·维克斯。

HK416 突击步枪采用了 HK G36 突击步枪的短冲程活塞传动式系统，枪管由冷锻碳钢制成，拥有很强的寿命。该枪的机匣及护木共设有 5 条战术导轨以安装附件，采用自由浮动式前护木，整个前护木可完全拆下，改善全枪的重量分布。枪托底部设有降低后坐力的缓冲塑料垫，机匣内有泵动活塞缓冲装置，能有效减少后坐力和污垢对枪机运动的影响，从而提高武器的可靠性，另外也设有备用的新型金属照门。HK416 突击步枪还配有只能发射空包弹的适配器，以杜绝误装实弹而引发的安全事故。

# 德国 HK417 精确射手步枪

HK417 精确射手步枪是由德国黑克勒－科赫公司研制的 7.62 毫米步枪，具有准确度高和可靠性高等优点，主要用于与狙击步枪做高低搭配，必要时仍可做全自动射击。

HK417 精确射手步枪是由 HK416 的内部设计修改而成，采用短冲程活塞传动式系统，比 AR-10、M16 及 M4 的导气管传动式更可靠，有效减少了维护次数，提高了效能。早期的 HK417 精确射手步枪采用来自 HK G3、没有空仓挂机功能的 20 发金属弹匣，后期改用了类似 HK G36 突击步枪的半透明聚合塑料弹匣，这种弹匣除了具有空枪挂机功能外，更可直接并联相同弹匣而无须外加弹匣并联器。HK417 精确射手步枪采用伸缩枪托设计，枪托底部装有缓冲塑料垫以降低射击时的后坐力。

# 德国 PSG-1 狙击步枪

PSG-1 狙击步枪是由德国黑克勒－科赫公司研制的半自动狙击步枪，是世界上最精确的狙击步枪之一。PSG-1 狙击步枪的主要用户为德国警察部队和特种部队，此外还包括英国、美国、加拿大、马来西亚、日本、西班牙、挪威、印度尼西亚、波兰和委内瑞拉等国的军警用户。

PSG-1 狙击步枪大量使用高科技材料，并采用模块化结构，各部件的组合很合理，人机功效设计比较优秀。如扳机护圈比较宽大，使用者可以戴手套进行射击。重心位于枪的中心位置，全枪稳定性较好。全枪长度较短，肩背时不易挂住障碍物，使用者可以随意坐下或在林间穿行。PSG-1 狙击步枪的精度极佳，出厂试验时每一支步枪都要在 300 米距离上持续射击 50 发子弹，而弹着点必须散布在直径 8 厘米的范围内。这些优点使 PSG-1 受到广泛赞誉，通常和精锐狙击作战单位联系在一起。PSG-1 狙击步枪的缺点在于比较重大，不适合移动使用。

# 德国 WA 2000 狙击步枪

WA 2000 狙击步枪是由德国瓦尔特公司于 20 世纪 70 年代末至 80 年代初研制的高精度狙击步枪，1982 年首次亮相，其后被德国及其他几个欧洲国家的特警单位少量采用。

WA 2000 狙击步枪是完全以军警狙击手的需要为唯一目标的全新设计。该枪一共生产了两种型号，但都没有独立的名称，所以人们一般把最早生产的型号称为第一代，后期的型号称为第二代。WA 2000 性能优异，准确度极高。不过由于 WA 2000 的设计和生产完全以高质量和高精度为首要目标，几乎不考虑制造成本，导致售价高昂。WA 2000 狙击步枪在设计时考虑到对多个目标进行远距离打击的需要，采用了半自动装填。一般半自动狙击步枪的射击精度会比手动狙击步枪要低一些，但由于 WA 2000 狙击步枪的生产质量极高，射击精度丝毫不逊于手动狙击步枪。

# 德国 DSR-1 狙击步枪

DSR-1 狙击步枪是由德国 DSR 精密公司 (DSR-Precision GmbH) 研制的紧凑型无托狙击步枪，由现已停止生产的埃尔玛 SR-100 狙击步枪改进而成，主要供警方狙击手使用。目前，除德国联邦警察第 9 国境守备队 (GSG-9) 和特别行动突击队 (SEK) 以外，爱沙尼亚警察部队、

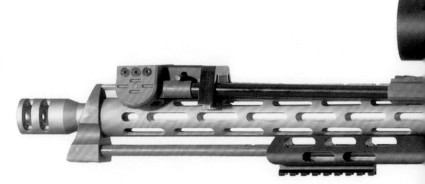

卢森堡特警部队、拉脱维亚军队和西班牙警察部队等单位也采用了 DSR-1 狙击步枪。

DSR-1 狙击步枪大量采用了高科技材料，如铝合金、钛合金、高强度玻璃纤维复合材料，既减轻了重量，又保证了武器的坚固性和可靠性。该枪的精度很高，据说能小于 0.2 MOA。对于旋转后拉式步枪来说，采用无托结构由于拉机柄的位置太靠后，造成拉动枪机的动作幅度较大和用时较长，但由于 DSR-1 狙击步枪的定位是警用狙击步枪，强调首发命中而非射速，用在正确的场合时这个缺点并不明显。

# 英国 SA80 突击步枪

SA80 突击步枪是一款采用 5.56×45 毫米北约弹药的英国无托结构突击步枪，其名称的含义是 Small Arms for the 1980s (20 世纪 80 年代的轻武器 )。该枪在 1985 年正式列装英国陆军、海军和空军，用以取代 7.62 毫米 L1A1 自动步枪和 9 毫米斯特林冲锋枪，英军命名为 L85。

英国陆军步兵部队使用的 SA80/L85 没有提把，其他则装有提把。SA80/L85 早期型存在严重卡壳、双重进弹甚至彻底卡死的问题。此外，常见的状况还有枪托破裂、弹匣经常脱落、撞针松脱或弹力不足等。改良为 L85A1 后并使用专用弹也未能解决卡壳问题，就算是德国黑克勒 - 科赫公司投入巨资改良为 L85A2 后，性能依然受到一致恶评。

# 英国 AW 狙击步枪

AW 狙击步枪是英国精密国际公司"北极作战"(Arctic Warfare) 系列狙击步枪的基本型，自从 20世纪 80 年代问世至今，该枪在平民、警察和军队中均很普及。精密国际以 AW 为基础，陆续推出了一系列不同类型的狙击步枪，包括警用型 AWP、消声型 AWS、马格南型 AWM 和 0.50 BMG 口径型 AW50 等。除英国外，有超过 40 个国家购买了 AW 系列狙击步枪。

AW 狙击步枪具有防冻功能，即使在零下 40℃的环境中仍能可靠地运作，而这点也是英军特别要求的，事实上，"北极作战"的名称便源于其在严寒气候下良好的操作性。AW 狙击步枪能达到 0.75MOA 的精准度，据说在 550 米距离上发射比赛弹的散布直径能小于 51 毫米。北约测试中心曾进行了25000 发的可靠性测试，表明 AW 狙击步枪的枪管非常耐用，在不降低狙击精度的情况下，其枪管寿命可达 5000 发。

# 英国 No.4 Mk I (T) 狙击步枪

No.4 Mk I (T) 狙击步枪是英国在二战期间以李－恩菲尔德步枪改进而来的狙击武器，英联邦国家一直使用到 20 世纪 60 年代，之后被 L42A1 狙击步枪所取代。

No.4 Mk I (T) 狙击步枪与一般李－恩菲尔德步枪的结构大致相同，这类步枪的特点在于采用由詹姆斯·帕里斯·李发明的旋转后拉式枪机和盒形可卸式弹匣，后端闭锁的旋转后拉式枪机装填子弹的速度比较快；安装固定式盒形双排容量 10 发弹匣装弹，提高了持续火力，是实战中射速最快的旋转后拉式枪机步枪之一，而且具有可靠、枪机行程短、操作方便的优点。No.4 Mk I (T) 狙击步枪配用的 No.32瞄准镜原本是为布伦机枪设计的，放大倍数为三倍，瞄准镜座安在机匣左侧，不妨碍机械瞄具的使用。在枪托上加装的木制托腮板，使使用者在瞄准射击时更舒适。

# 英国 L42A1 狙击步枪

L42A1 狙击步枪是在李 - 恩菲尔德 No.4 Mk I (T) 狙击步枪的基础上变换口径而成，1970 年开始批量生产并进入英国军队服役，一直到 1982 年才被 PM 狙击步枪所取代。

最初将 No.4 Mk I (T) 改装成 L42A1 的方法比较简单，之后逐渐变得复杂。新的部件包括枪管、弹匣、抛壳挺和上护木，瞄准镜也需要重新校正以适应 7.62×51 毫米步枪弹的弹道。同样，作为备用的机械瞄具也进行了改装以适应新枪弹。新的重型枪管由高质量的 EN19AT 钢冷锻而成，因此枪管外表面留下冷锻时产生的"蛇皮"表纹。早期的枪管采用传统的恩菲尔德膛线，后来改为梅特福膛线，所以后期的枪管比较便宜和容易生产。

# 法国 FAMAS 突击步枪

FAMAS( 法语 Fusil Automatique Manufacture d'Armes de St.Etienne，意为"由圣 - 艾蒂安生产的轻型自动步枪") 突击步枪是法国军队自 1978 年以来的制式突击步枪，也是世界上著名的无托结构突击步枪之一，除法国军队外，加蓬、吉布提、黎巴嫩、阿联酋等国的军队也有装备。

法国军队认为 FAMAS 突击步枪在战场上非常可靠，不管是在近距离的突发冲突中还是中远距离的点射，它都有着优良的表现。该枪有单发、三发点射和连发三种射击方式，射速较快，弹道非常集中。

FAMAS 突击步枪不需要安装附件即可发射枪榴弹，而且不需要专门换空包弹就可以直接用实弹发射。不过，FAMAS 突击步枪的子弹太少，火力持续性差，瞄准基线较高，如果加装瞄准镜会更高，不利于隐蔽。此外，其枪膛靠后，离使用者头部较近，发射时噪声大，抛出的弹壳和烟雾会影响使用者。

# 法国 FR-F2 狙击步枪

FR-F2 狙击步枪是由法国地面武器工业公司在 7.62 毫米 FR-F1 狙击步枪的基础上改进而成的狙击步枪，1984 年年底完成设计定型，并逐步取代 FR-F1 装备法国军队。

FR-F2 狙击步枪的基本结构如枪机、机匣、发射机构都与 FR-F1 一样，主要改进之处是改善了武器的人机功效，如在前托表面覆盖无光泽的黑色塑料；两脚架的架杆由两节伸缩式架杆改为三节伸缩式架杆，以确保枪在射击时的稳定性，有利于提高命中精度。另外在枪管外增加了一个用于隔热的塑料套管，目的是减少使用时热辐射或因热辐射产生的薄雾对瞄准镜及瞄准视线的干扰，同时还降低了武器的红外特征，便于隐蔽射击。FR-F2 没有机械瞄准具，只能用光学瞄准镜进行瞄准射击，除配有四倍白光瞄准镜外，还配有夜间使用的微光瞄准镜，从而使该武器具有全天候使用的性能。

# 意大利 AR70/90 突击步枪

AR70/90 突击步枪是由意大利伯莱塔公司于 20 世纪 70 年代研制的突击步枪，是目前意大利武装部队的制式步枪。除意大利外，还有墨西哥、摩洛哥、马来西亚、尼日利亚、约旦、马耳他、巴拉圭、津巴布韦等国采用。

AR70/90 突击步枪采用导气式工作原理，回转式枪机闭锁，枪机上有两个闭锁突榫，活塞筒在枪管上方。活塞筒与气体调节器固定在一起，气体调节器有三个位置：打开时为正常位置，再打开为恶劣条件下使用的位置，关闭时为发射枪榴弹的位置。标准型击发机构可进行单发、连发和三发点射。AR70/90 突击步枪的机匣用钢板冲压而成，钢制枪机导轨焊接在机匣壁上。机匣上部的提把由弹簧锁扣夹紧，卸下提把，可在楔形机匣盖上部安装光学瞄准镜，而它的普通机械瞄准具为片状准星和觇孔式照门。

# 意大利伯莱塔 ARX-160 突击步枪

伯莱塔 ARX-160 突击步枪是由意大利伯莱塔公司研制和生产的突击步枪，是目前意大利武装部队的制式步枪和"未来士兵"计划的组成部分。

ARX-160 突击步枪可以通过转换枪管等部件来发射 5.56×45 毫米、5.45×39 毫米、6.8×43 毫米以及 7.62×39 毫米四种口径的步枪子弹。ARX-160 具有很多出色的人体工学设计，最明显的是手枪握把上方、机匣左右两侧可用拇指灵巧操作的保险和快慢机装置。快慢机有保险、半自动和全自动三个位置两种发射模式。虽然枪身厚度比一般突击步枪更厚，外观也略显肥大，但由于与伯莱塔近年来推出的枪械一样，ARX-160 突击步枪大量使用合成材料制造，枪身实际重量仍然很轻。

# 奥地利 AUG 突击步枪

AUG 突击步枪是由奥地利斯泰尔·曼利夏公司于 1977 年推出的突击步枪，它是史上首次正式列装、实际采用无托结构的军用步枪。除奥地利外，AUG 还被包括英国、美国、阿根廷、澳大利亚、爱尔兰、马来西亚、菲律宾、沙特阿拉伯等多个国家的军警用户采用。

AUG 突击步枪将以往多种已知的设计理念聪明地组合起来，结合成一个可靠美观的整体。它是当时少数拥有模组化设计的步枪，其枪管可快速拆卸，并可与枪族中的长管、短管、重管互换使用。在奥地利军方的对比试验中，AUG 突击步枪的性能表现可靠，而且在射击精度、目标捕获和全自动射击的控制方面表现优秀，与 FN FAL( 比利时 ) 和 M16A1( 美国 ) 等著名步枪相比也毫不逊色。

# 奥地利 SSG69 狙击步枪

SSG 69 狙击步枪是由奥地利斯泰尔·曼利夏公司研制的旋转后拉式枪机狙击步枪，目前是奥地利陆军的制式狙击步枪，也被不少执法机关所采用。

SSG 69 是一种手动装填步枪，开、闭锁时需人工将枪机转动60度。闭锁方式为枪机回转式。扳机为两道火式，扳机行程的长短和扳机拉力的大小均可以进行调整。机匣后端上方的滑动型保险卡锁起枪机保险和击针保险的作用。枪托用合成材料制成，托底板后面的缓冲垫可以拆卸，因此枪托长度可以调整。供弹具为旋转式弹仓，可装弹5发。SSG 69 狙击步枪无论在战争，还是大大小小的国际比赛之中，都证明了它是一支非常精确的狙击步枪，因为 SSG 69 狙击步枪的精准度大约是 0.5 MOA，大大地超出了奥地利军队最初提出的狙击步枪设计指标。

# 奥地利 HS50 狙击步枪

HS50 狙击步枪是由奥地利斯太尔·曼利夏公司研制的单发手动狙击步枪，发射 12.7×99 毫米口径步枪弹。它既可作为远程狙击步枪使用，也可以作为反器材步枪使用。

HS50 狙击步枪的枪机为手动操作的旋转后拉式，机头采用双闭锁突榫，两道火扳机的扳机力为 1.8 千克。重型枪管上有凹槽，配有高效制动器。枪托的长度可调，托腮板的高度可调。该枪没有机械瞄准具，只能通过皮卡汀尼导轨安装瞄准装置及整体式可折叠可调两脚架等附件。HS50 狙击步枪采用非自动射击，没有采用弹匣供弹，一次只能装填一发子弹。改进后的 HS50-M1 机匣左侧设有可拆卸式弹匣。另外，HS50 狙击步枪经简单改动后也能发射斯太尔 11.68 毫米步枪弹，这种改动型号称为 HS460。

# 瑞士 SIG SG 550 突击步枪

    SIG SG 550 突击步枪是瑞士于 20 世纪 70 年代研制的突击步枪，被瑞士陆军选作制式步枪。除瑞士外，巴西、智利、法国、德国、印度、印度尼西亚、马来西亚、马耳他、波兰、罗马尼亚、西班牙等国也有采用。

    SIG SG 550 突击步枪采用导气式自动方式，大量采用冲压件和合成材料，有效地减轻了重量。枪管用镍铬钢锤锻而成，枪管壁很厚，没有镀铬。消焰器长 22 毫米，其上可安装新型刺刀。标准型的 SIG SG 550 突击步枪有两脚架，以提高射击的稳定性。SIG SG 550 突击步枪采用屈光校准瞄准具，高低与方向可调，瞄准具上有荧光点，便于夜间瞄准射击。此外，SIG SG 550 突击步枪还可安装望远瞄准镜或红外瞄准具，也可使用北约标准瞄准具座，安装任何光学瞄准镜。

· 拆解后的 SIG SG 550 突击步枪 ·

・SIG SG 550 突击步枪・

・SIG SG 550 枪机部位特写・

・SIG SG 550突击步枪安装的刺刀・

# 瑞士 SSG 3000 狙击步枪

SSG 3000 狙击步枪是由瑞士西格·绍尔公司于 1984 年推出的一款 7.62 毫米口径狙击步枪，在欧美国家的执法机关和军队之中比较常见，主要使用国家包括巴西、智利、哥伦比亚、捷克、挪威、斯洛伐克、美国和英国等。

SSG 3000 狙击步枪采用模块式构造，枪管和机匣为一个组件，而扳机组和弹仓为一个组件，主要零件都可以快速更换。该枪的重枪管由碳钢冷锻而成，枪管外壁带有传统的散热凹槽，而枪口位置也带有圆形凹槽。SSG 3000 狙击步枪可在枪管上面连上一条长织带遮蔽在枪管上方，其作用是防止枪管在暴晒下发热，上升的热气在瞄准镜前方产生海市蜃楼，妨碍使用者进行精确瞄准。SSG 3000 狙击步枪的枪口装置具有制动及消焰功能，两道火扳机可以单动 / 双动击发，其行程和扳机力可调整。

早期型 SSG 3000 狙击步枪采用的是木制枪托，其后改为黑色麦克米兰玻璃钢枪托，枪身两侧皆有开槽。SSG 3000 狙击步枪的枪托底板可调节高、低、长、短、偏移或倾斜，托腮板也可调节高低，整个系统都可以改为左撇子射手操作的系统。SSG 3000 狙击步枪没有机械瞄具，其制式瞄准具是亨索尔德 1.5 － 6×42 毫米光学瞄准镜，但也可以换成北约标准瞄准镜座以安装其他光学瞄准镜。

·SSG 3000 狙击步枪枪机部位特写·　　　　　·SSG 3000 狙击步枪后方视角·

# 瑞士 B&T APR 狙击步枪

  B&T APR(Advanced Precision Rifle，先进精密步枪) 狙击步枪是由瑞士布鲁加·托梅公司 (B&T) 研制的旋转后拉式枪机狙击步枪，主要分为 APR308 和 APR338 两种型号。

  B&T APR 狙击步枪采用模块化设计，其核心是一个作为主枪身和底盘部分的金属切削加工制造的下机匣，一个将所有其他的步枪元件组装或连接在一起的元件。可以灵巧地手动操作的保险装在下机匣的手枪握把附近。其底盘与上机匣连接在一起，将枪机组件和枪管，以及击发控制组件、折叠式枪托和其他设备都组装在一起。上机匣顶部设有一条用以安装战术配件的 MIL-STD-1913 战术导轨，另外，前护木上也可安装三条额外附加 MIL-STD-1913 战术导轨的上护木，以便串联式安装夜视镜或热成像仪，扩大瞄准具附件的加装应用模式。

· B&T APR 狙击步枪及其枪管和弹匣 ·

# 比利时 FN FAL 自动步枪

　　FN FAL 自动步枪是由比利时枪械设计师塞弗设计的自动步枪，它是世界上最著名的步枪之一，曾是很多国家的制式装备。

　　FN FAL 自动步枪单发精度高，但由于使用的弹药威力大，射击时后坐力，大使连发射击时难以控制，存在散布面较大的问题。不过瑕不掩瑜，由于 FN FAL 工艺精良、可靠性好，成为世界上装备最广泛的军用步枪之一，直到 20 世纪 80 年代仍在生产。20 世纪 80 年代后期，随着小口径步枪的兴起，许多国家的制式 FN FAL 才逐渐被替换。此外，在 20 世纪 60 年代到 70 年代，FN FAL 是西方雇佣兵最爱的武器之一，因此被美国的雇佣兵杂志誉为"20 世纪最伟大的雇佣兵武器之一"。

# 比利时 FN FNC 突击步枪

　　FN FNC 突击步枪是由比利时国营赫斯塔尔公司在 20 世纪 70 年代中期生产的突击步枪，曾参加北约小口径步枪选型试验，因在试验中出现故障而竞争失败。1979 年 5 月，FN FNC 开始批量生产。目前，除比利时外，尼日利亚、印度尼西亚和瑞典等国家也有装备。

　　FN FNC 突击步枪有两种不同长度的枪管：一种是膛线缠距为 305 毫米的标准枪管，发射美国 M193 枪弹；另一种是膛线缠距为 178 毫米的短枪管，发射比利时 SS109 枪弹。两种枪管可以互换使用。枪管用高级优质钢制成，内膛精锻成型，故强度、硬度、韧性较好，耐蚀抗磨。其前部有一圆形套筒，除可用于消焰外，还可发射枪榴弹。在供弹方面，FN FNC 突击步枪采用 30 发 STANAG 标准。击发系统与其他现代小口径突击步枪相似，有半自动、三点发和全自动三种发射方式。枪口部有特殊的刺刀座，以便安装美国 M7 式刺刀。

# 比利时 FN F2000 突击步枪

FN F2000 突击步枪是由比利时国营赫斯塔尔工厂于 20 世纪 90 年代研制的突击步枪，目前已被不少国家的特种部队采用。

FN F2000 突击步枪在成本、工艺性及人机工程等方面苦下功夫，不但很好地控制了质量，而且平衡性也很优秀，非常易于携带、握持和使用，同样也便于左撇子使用。FN F2000 突击步枪采用无托结构，虽然有 400 毫米长的枪管，但全长仅 688 毫米。FN F2000 突击步枪默认使用 1.6 倍瞄准镜，在加装专用的榴弹发射器后，也可换装具测距及计算弹着点的专用火控系统。FN F2000 突击步枪的附件包括可折叠的两脚架及可选用的装手枪口上的刺刀卡榫，还可根据实际需求在 M1913 导轨上安装夜视瞄具。此外，FN F2000 突击步枪还可配用未来的低杀伤性系统。

# 比利时 FN SCAR 突击步枪

SCAR 突击步枪是由比利时国营赫斯塔尔工厂为了满足美军特战司令部的 SCAR(SOF Combat Assault Rifle，特种部队战斗突击步枪 ) 项目而制造的现代化突击步枪，2007 年 7 月开始小批量生产，并限量配发给军队使用。

SCAR 突击步枪有两种版本，即轻型 (SCAR-L) 和重型 (SCAR-H)。轻型发射 5.56×45 毫米北约步枪弹，使用类似于 M16 的弹匣，只不过是钢材制造，虽然比 M16 的塑料弹匣更重，但是强度更高，可靠性也更好。重型发射威力更大的 7.62×51 毫米北约弹药，使用 FN FAL 的 20 发弹匣，不同的枪管长度可以用于不同的模式。FN SCAR 突击步枪的两种版本都可以改装成"狙击 / 长枪管模式"(Sniper Variant/Long Barrel，SV/LB) 或"近战模式"(Close Quarters Combat，CQC)。

# 以色列 Galil 步枪

Galil( 加利尔 ) 步枪是由以色列军事工业公司于 20
世纪 60 年代末研制的一种步枪，分为两种口径，分别
发射 5.56×45 毫米或 7.62×51 毫米步枪子弹，5.56 毫
米是突击步枪，而 7.62 毫米是自动步枪。

Galil 步枪是以芬兰 Rk 62 突击步枪为基础改进而
来的，而 Rk 62 突击步枪则衍生自苏联 AK-47 突击步
枪。与同口径的步枪相比，Galil 步枪比较沉重，所有外
部金属表面都经过耐腐蚀性的磷化处理，然后涂上黑色
的亮漆。Galil 步枪有多种不同的衍生型，包括标准长度
的 AR 型 ( 突击步枪 )；缩短枪管长度的 SAR 型 ( 短突
击步枪 )；进一步缩短枪管长度的 MAR 型 ( 微型突击步
枪 )；改用重枪管、可折叠式提把和两脚架、充当轻机
枪的 ARM 型；改用重枪管、两脚架、安装瞄准镜和可
调长度的枪托、充当狙击步枪的狙击型。

# 加拿大 C7 突击步枪

C7 突击步枪是由加拿大迪玛科公司（现加拿大柯尔特公司）
合法授权生产的 M16 突击步枪，被加拿大军队选作制式步枪，
1984 年开始服役。除基本型 C7A1 外，C7 还有 C7A2、C7CT、
LSW、C8、C8A1、C8A2、C8FTHB、C8CT、C8CQB、SFW 等
多种型号。除了装备加拿大军队，C7 突击步枪的其他使用国家还
包括英国、挪威、丹麦、澳大利亚、荷兰等。

C7 系列突击步枪的设计与 M16 突击步枪基本相同，它使用
M16A1 的下机匣，因此可以全自动发射，配备塑料制 30 发弹匣，
也可与 M16 的铝制弹匣通用。C7 突击步枪和 M16 突击步枪的主
要区别在于机匣铭文，C7 系列印有枫叶标记。C7 系列突击步枪的
扳机有保险、全自动、单发三种模式，配套的加拿大制 M203A1
榴弹发射器与美国版本有所不同。

# 加拿大 C8 卡宾枪

C8卡宾枪是C7突击步枪的卡宾枪衍生型，同样由迪玛科公司（现加拿大柯尔特公司）设计和生产。迪玛科公司最初研制的卡宾枪原型类似于柯尔特XM177，采用短枪管和长消焰器。在评估过原型后，加拿大军队认为250毫米枪管的射击精度太低，最后选择了和柯尔特M4卡宾枪相同长度的枪管（368毫米）。除加拿大军队使用外，C8卡宾枪还出口到荷兰、冰岛、英国、丹麦和挪威等国。

# 捷克 CZ-805 突击步枪

CZ-805突击步枪是由捷克布罗德兵工厂研制的突击步枪，为捷克军队的新型制式步枪，将完全取代捷克军队之前装备的Vz.58突击步枪。CZ-805突击步枪于2009年首次公开展示，2010年被捷克军队选定为下一代的制式军用步枪。

CZ-805突击步枪是一款具有现代化外观的模组化单兵武器，发射5.56×45毫米北约步枪弹，此外也有7.62×39毫米口径的型号，未来还可能发射6.8毫米弹药。该枪采用短行程导气活塞式原理和滚转式枪机，其导气系统有气体调节器。上机匣由铝合金制成，下机匣的制作材料为聚合物。CZ-805突击步枪有单发、两发点射和全自动三种射击模式，手动保险和快慢机柄在枪身两侧都有，以方便使用者快速切换射击模式。该枪的枪管能够快速拆卸，以便于更改口径或更换枪管长度，每种口径都有四种不同长度的枪管，分别为：短突击型、标准型、精确射击型和班用自动步枪型。

　　C8 卡宾枪采用短枪管和伸缩式枪托，主要是作为炮兵、车组或机组成员的自卫武器。C8 卡宾枪使用与 C7 突击步枪相同的机匣，即 M16A1 式的提把和照门，而且枪管壁没有加厚，所以外形上与美军的 M4 卡宾枪很容易区分开来。

# 芬兰 Sako TRG 狙击步枪

　　Sako TRG 狙击步枪是由芬兰沙科公司 (Sako) 研制的手动狙击步枪，主要分为 TRG-21/41 和 TRG-22/42 两个系列。目前，Sako TRG 系列狙击步枪已被近三十个国家的军队和执法单位所采用。

　　Sako TRG 系列狙击步枪的核心就是以冷锤锻造的机匣和枪管，两者都为 Sako TRG 提供了最大的强度、最低的重量以及良好的耐磨性。圆筒形枪机上具有内置式抛壳顶杆和三个大型锁耳，枪机开锁及闭锁时只需要旋转 60 度，短枪机型的枪机行程是 98 毫米，而长枪机型的枪机行程则是 118 毫米。Sako TRG 狙击步枪的机匣顶部装有一条楔形导轨，以适应不同类型的光学狙击镜、夜视仪、热成像仪或光学电子瞄准镜。Sako TRG 狙击步枪也装有折叠式机械瞄具，可以在紧急情况下使用。

# 南非 R4 突击步枪

R4 突击步枪是南非于 20 世纪 80 年代在以色列加利尔突击步枪的基础上改良而成的一款突击步枪，发射 5.56×45 毫米北约步枪弹。

在 R4 突击步枪服役之前，南非军队装备的 7.62×51 毫米口径的 R1、R2 和 R3 步枪性能已经落后于现代小口径步枪。进入 20 世纪 80 年代后，南非开始跟随西方国家以 5.56 毫米作为新式步枪的口径，并决定以自行生产的加利尔改进型作制式步枪，命名为 R4。R4 突击步枪主要由利特尔顿兵工厂生产，但该兵工厂又因各种原因而停产，于是转由维克多公司继续生产。

# 韩国 K2 突击步枪

K2 突击步枪是韩国大宇集团生产的突击步枪，发射 5.56×45 毫米北约制式弹药。K2 突击步枪于 1972 年开始研制，1982 年开始生产，1984 年开始进入韩国陆军服役。该枪曾搭配 20 世纪 90 年代初期的运动步枪式枪托短暂地进入过美国武器市场，不过由于这批民用型版本采用简陋的瞄具与粗糙的表面处理，没有受到使用者的欢迎。

K2 突击步枪是一把长冲程导气、可选射击模式 ( 全自动与半自动 ) 的 5.56 毫米口径突击步枪，以 20 发或 30 发弹匣供弹。护木、握把和可折叠枪托均由高强度聚合物制成。它的枪机系统由 M16 突击步枪衍生而来，但是步枪各部件和 M16 均不通用。气动系统是从以色列 Galil 步枪衍生而来 ( 加利尔的气动系统由 AK-47 突击步枪衍生而来 )，从而比 M16 更加可靠。K2 突击步枪使用与 M16 突击步枪相同的 STANAG 弹匣。

# 韩国 K14 狙击步枪

K14 狙击步枪是韩国大宇集团生产的 7.62 毫米高精度狙击步枪，2012 年设计定型，同年开始批量生产并装备部队。除韩国本国使用外，伊拉克军队也进口了 K14 狙击步枪。

K14 狙击步枪发射 7.62×51 毫米北约标准步枪弹，使用 5 发或 10 发弹匣供弹，具有较好的火力持续性，枪口可以安装消焰器。弹匣扣很大，使用方便。瞄准具方面，K14 狙击步枪配备了刘波尔德 Mk 4 瞄准镜，也可以使用韩国本国生产的光学瞄准镜。作为旋转后拉枪机式步枪，K14 狙击步枪的使用相对简单。由于它与雷明顿 M700 狙击步枪相似，所以只要会用 M700 狙击步枪，就可以很快上手 K14 狙击步枪。此外，K14 狙击步枪的尺寸较为短小，可以很方便地携带使用。

# 韩国 K1 卡宾枪

K1 卡宾枪是韩国大宇集团生产的 5.56 毫米卡宾枪。该枪原是 K2 突击步枪的卡宾枪改进型，但两者的差别较大，所以 K1 卡宾枪算是独立的武器系统。1981 年，K1 卡宾枪开始服役，被韩国军队选为制式冲锋枪，用于替换老旧的 M3 冲锋枪。

K1 卡宾枪采用与 M16 突击步枪相同的导气管式系统，而 K2 突击步枪采用 AK-47 突击步枪的活塞原理系统。K1 卡宾枪使用北约制式的 5.56×45 毫米步枪弹，由 20 发或 30 发弹匣供弹，可选择全自动或半自动 ( 单发 ) 射击模式。

# 日本丰和 89 式突击步枪

　　丰和 89 式突击步枪是丰和工业公司根据北约标准研制的 5.56 毫米口径突击步枪，为丰和 64 式 7.62 毫米自动步枪的后继型，基于美制 AR-18 突击步枪改进而成。日本自卫队于 1989 年开始装备丰和 89 式突击步枪，日本向伊拉克派遣的海外维和部队也有使用。

　　丰和 89 式突击步枪在研制之初就针对丰和 64 式自动步枪的缺点做了大幅改进，其体积比 64 式小，重量也从 64 式的 4.4 千克减为 3.5 千克。防尘盖可前后移动，不射击时向前推上。丰和 89 式突击步枪采用可卸式三发点射机构，不与单、连发基本扳机机构连为一体。活塞和活塞筒设计独特，不但能有效避免火药气体污染枪机，还有助于提高其动作可靠性和零部件寿命。据说借助这种缓冲式活塞和枪口制退器，可有效降低射击时的后坐力，减少幅度可达 60%。丰和 89 式突击步枪可在枪口装上美军现役的 M9 刺刀，此外还有专用刺刀。另外，还可使用 06 式枪榴弹。

# CHAPTER

# 05

# 机 枪

　　机枪泛指身管内径在 20 毫米以下的可自动连续发射枪弹的枪械，能快速连续射击，以扫射为主要攻击方式，透过密集火网压制对方火力点或掩护己方进攻。除了攻击有生目标之外，机枪也可以射击其他无装甲防护或薄装甲防护的目标。

# 美国 M60 通用机枪

M60 通用机枪是美国于 20 世纪 50 年代研制的通用机枪，堪称世界上最著名的机枪之一。除美军装备外，英国、意大利、韩国、澳大利亚等三十多个国家的军队也有装备。

M60 通用机枪具有质量小、结构紧凑、火力猛、精度好、用途广泛等特点。该机枪采用导气、气冷、开放式枪机设计，导气管固定在可更换的枪管上，由北约 7.62×51 毫米 M13 弹链供弹，枪管上附有两脚架，也可对应 M2 三脚架及 M122 三脚架。在调整立式标尺后，可有效命中 200 米移动点目标及 600 米静止点目标，对 1500 米面目标可提供压制火力。与其他重机枪一样，M60 通用机枪也可以快速更换枪管，但是由于提把装在机匣上，需要使用者戴着手套操作。

# 美国 Mk 48 通用机枪

Mk 48 通用机枪是比利时国营赫斯塔尔公司 (FN) 美国分公司为特种部队研制的通用机枪，利用 M13 弹链发射火力强大的 7.62×51 毫米北约标准步枪弹。目前正在美国特种部队司令部辖下的多支部队服役，包括美国海军"海豹"突击队和美国陆军"游骑兵"部队等。

Mk 48 通用机枪是一挺气动式操作、气冷、全自动射击的通用机枪，装有 5 条 MIL-STD-1913 战术导轨 (一条装在机匣盖顶部、两条分别装在护木 / 枪管隔热罩的两侧、一条装在护木 / 枪管隔热罩底部、一条装在枪管顶部，用以提高战术性能 )，以及一个连接在导气活塞筒上的内置钛合金制整体型折叠式两脚架。Mk 48 通用机枪与 M240、M249 机枪之间有着很高的共用零件比例 (70%)，在需要更换损坏的零件时可以轻易进行。

# 美国 M2 重机枪

  M2 重机枪是由美国著名枪械设计师约翰·勃朗宁设计，1923 年被美国军队采用为制式装备，之后因枪管容易过热而改用重枪管并命名为 M2HB，后来又推出了可快速更换枪管的 M2QCB 及轻量化版本，这些版本一直沿用至今。

  M2 重机枪发射 12.7×99 毫米 (0.50 BMG) 大口径枪弹，具有高火力、弹道平稳、极远射程的优点，每分钟 450 发至 550 发的射速及后坐作用系统令其在全自动发射时十分稳定，命中率也较高，但低射速也令 M2 重机枪的支援火力降低。M2 重机枪发射 M2 普通弹时的最大射程可达 7.4 千米，装上 M3 三脚架也有 1.8 千米的有效射程。M2 重机枪的用途广泛，为了对应不同的配备，它可在短时间内变为机匣右方供弹，而无须专用工具。

  M2 重机枪从 1921 年开始服役，先后经历了二战、越南战争、海湾战争、阿富汗战争、伊拉克战争等重大战争，可以说是极为成功的重机枪设计，也是美军轻武器中服役时间最长的一种，直到 21 世纪在各国服役皆有很好的评价。

# 美国 M1917 重机枪

  M1917 重机枪是由约翰·勃朗宁研发的水冷式 7.62 毫米口径重机枪，1917 年成为美军的制式武器。其原型最早于 1900 年研发，并获得了专利。

  M1917 重机枪的瞄准装置为立框式表尺和可横向调整的片状准星，枪管使用水冷方式冷却，在枪管外套上有一个可以容纳 3.3 升水的套筒。机枪全长为 0.968 米，枪管长 607 毫米，枪身重 15 千克，另外有一副重达 30.5 千克的枪架。该枪体积不算太大，但是加上枪架后却有超过 45 千克的重量，显得非常笨重。总体来说，M1917 重机枪的性能优越，在一战中被广泛使用，在二战以及之后的局部战争中也有使用。

# 美国 M134 加特林机枪

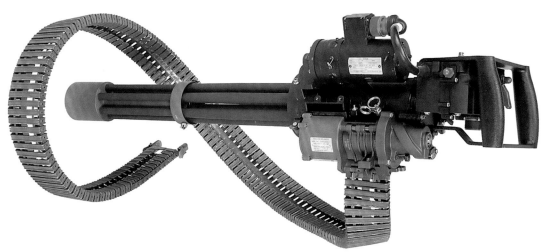

    M134 加特林机枪是由美国通用电气公司研制的 7.62 毫米口径的高转速多管旋转式机枪，使用外部供电的加特林式旋转枪管，也被称为"迷你炮"(Mini Gun)。

    M134 加特林机枪采用回转联动装置，组件包括：一台驱动电机，六个枪机部件，六个可移动的枪机轨道，枪管套管部件，后部枪支架，六根枪管，枪管夹持部件，保险部分，套管盖和两个快速释放销。因为转动部分在固定套管盖内，枪机部件和套管盖主凸轮轨道随动，引起枪机部件随着移动轨道往复移动，击发弹药。

每个枪管被固定安装在枪管夹具部件中和枪机部件呈一条直线，在一台电机的驱动下转动。该机枪若以 3000 发 / 分射速在一秒钟内水平面 ±45 度角扫射，则在 200 米距离上每间隔3.1 米，便命中一发子弹。

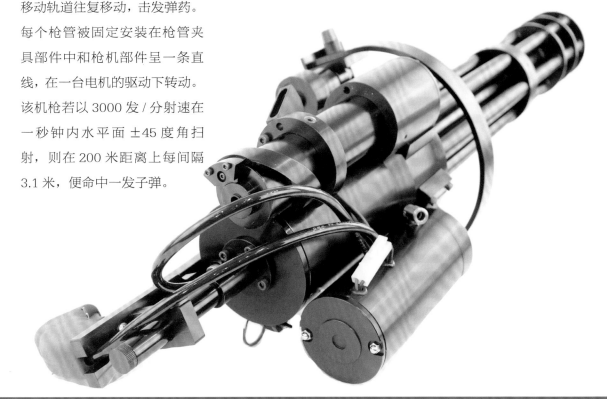

# 美国 M249 轻机枪

  M249 轻机枪是美国以比利时国营赫斯塔尔工厂的 **FN Minimi** 轻机枪改良而成，又被称为 M249 班用自动武器。该枪在 1982 年 2 月正式装备美军，但因当时出现了可靠性问题，实际上美军在 20 世纪 80 年代后期才全面装备。

  M249 轻机枪采用了气动式原理和开放式枪机，在射击时，枪机和枪机联动座在受到复进簧的推力下向前移动，子弹脱离弹链进入枪膛，击针撞击子弹点燃子弹内的火药，膨胀的火药气体经枪管进入导气管回到枪机内，使弹壳和弹链扣排出，同时带动枪机和枪机联动座回到待击状态并拉入弹链。M249 轻机枪使用 5.56×45 毫米子弹，常使用装有 200 发弹链的硬塑料弹箱供弹，必要时也可以使用弹匣供弹。该枪在护木下配有可折叠式两脚架，并可以调整长度，也可以换用三脚架。

·使用 M249 轻机枪的美军士兵·

# 俄罗斯 PK 通用机枪

PK 通用机枪是卡拉什尼科夫在 20 世纪 60 年代设计的通用机枪，用于取代当时设计老旧的 RPD 轻机枪和 SG-43 中型机枪，并大量装备苏联军队。1969 年，卡拉什尼科夫推出了 PK 的改进型，称为 PKM。

PK 通用机枪是由 AK-47 突击步枪改进而成的，两者的气动系统及回转式枪机闭锁系统相似。改进型 PKM 的枪管较轻，没有凹槽，枪托底板上有翻转式的支肩板，很容易识别。PK 通用机枪大量减轻了枪身的重量，枪机容纳部用钢板压铸成型，枪托中央挖空，并在枪管外围刻了许多沟纹，PK 通用机枪仅重 9 千克，而 PKM 只重 8.4 千克。PK 通用机枪发射 7.62×54 毫米弹药，弹链由机匣右边进入，弹壳在左边排出。

# 俄罗斯 SG 43 重机枪

SG 43 重机枪是二战时期苏联军队的制式装备，主要作用是增强捷格加廖夫系列轻机枪的火力，对付低空飞行目标。

SG 43 重机枪采用导气式工作原理，闭锁机构为枪机偏转式，机框上的靴形击铁与枪机上的靴形槽相互作用，使枪机偏转，进行闭锁。该枪瞄准装置由圆柱形准星和立框式表尺组成，照门为方形缺口式，上有横表尺，可进行风偏修正。表尺框左边刻度为发射重弹用的分划，右边刻度为发射轻弹用的分划。虽然 SG 43 重机枪有结构简单、动作可靠、威力大、精度好等优点，但也存在重量较大、携带不便的弊端。

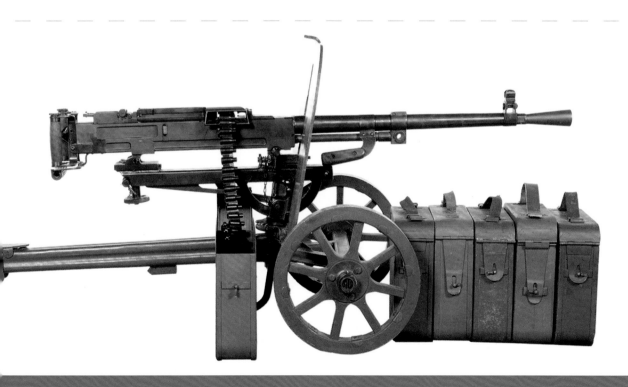

# 俄罗斯 DShK 重机枪

　　DShK 重机枪是苏联从 1938 年开始装备的重型防空机枪，二战时期除可作防空机枪外，也被装在轮式射架上用来支援步兵。二战后期，DShK 被改进为 DShKM。

　　DShK 重机枪采用开膛待击，闭锁机构为枪机偏转式，依靠枪机框上的闭锁斜面，使枪机的机尾下降，完成闭锁动作。该枪使用不能快速拆卸的重型枪管，枪管前方有大型制退器和柱形准星，枪管中部有散热环，枪管后部下方有用于结合活塞套筒的结合槽，上方有框架形立式照门。导气箍上有气体调整器，用于调整作用在活塞上的气体，以保证复进机有适当的后坐速度。DShK 重机枪的供弹方式为 50 发不可散弹链，也可使用 30 发弹鼓。DShKM 与 DShK 构造基本相同，主要的变化是供弹机构。

# 俄罗斯 NSV 重机枪

　　NSV 重机枪是苏联于 1971 年推出的 12.7 毫米口径重机枪，用于取代苏军的 DShK 重机枪，1972 年正式装备部队。NSV 重机枪获很多国家的特许生产，如波兰、印度、保加利亚等。

　　NSV 重机枪采用导气式自动原理，独特的枪机偏移式闭锁机构。NSV 重机枪的枪机是大口径机枪中最短的，但 NSV 重机枪增大了机框的质量，可确保射击中枪的平衡。该枪的瞄准装置有机械式和光学式两种。机械瞄具由折叠式准星和弧形表尺组成，两者均有防护装置。准星为可调式柱形准星，可向后折叠避免在搬运中损坏。标准光学瞄准镜的放大倍率为四倍，也可配用被动式热成像瞄准镜。

# 俄罗斯 RPK 轻机枪

RPK 轻机枪是苏联枪械设计师卡拉什尼科夫以 AKM 突击步枪为基础发展而来的轻机枪，其名称是"卡拉什尼科夫轻机枪"的缩写。RPK 轻机枪的用户极多，包括俄罗斯、伊拉克、阿富汗、波兰、尼日利亚、叙利亚、乌克兰等数十个国家。

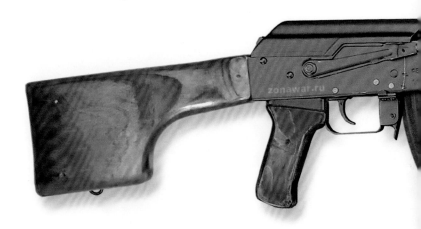

RPK 轻机枪沿用了 AKM 突击步枪著名的冲铆机匣，枪支内部的冲压件比例大幅提高，并把铆接改为焊接。RPK 轻机枪的弹匣由轻合金制成，并能够与原来的钢弹匣通用，后期还研制了一种玻璃纤维塑料压模成型的弹匣。该枪的护木、枪托和握把均采用树脂合成材料，以降低枪支重量并增强结构。RPK 轻机枪还配备了折叠的两脚架以提高射击精度，由于射程较远，其瞄准具还增加了风偏调整机构。

# 俄罗斯 RPD 轻机枪

RPD 轻机枪是苏联枪械设计师捷格加廖夫于 1943 年设计的轻机枪，具有结构紧凑、质量轻、使用和携带方便等优点。

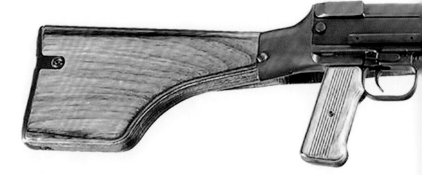

RPD 轻机枪采用导气式工作原理，闭锁机构基本由 DP 轻机枪改进而成，属中间零件型闭锁卡铁撑开式，借助枪机框击铁的闭锁斜面撞开闭锁片实现闭锁。该枪采用弹链供弹，供弹机构由大杠杆、小杠杆、拨弹滑板、拨弹机、阻弹板和受弹器座等组成，弹链装在弹链盒内，弹链盒挂在机枪的下方。RPD 轻机枪的击发机构属平移击锤式，机框复进到位时由击铁撞击击针。

# 俄罗斯 DP 轻机枪

DP 轻机枪是由苏联工兵中将瓦西里·捷格加廖夫主持设计的轻机枪，1928 年装备苏联红军。1944 年，DP 轻机枪被改进为 DPM。DP/DPM 轻机枪是苏联在二战中装备的主要轻机枪。

DP 轻机枪的结构比较简单，一共有 65 个零件，制造工艺要求不高，适合大量生产，这也是它被苏军广泛采用的原因之一。DP 轻机枪采用导气式工作原理，闭锁机构为中间零件型闭锁卡铁撑开式。闭锁时，靠枪机框复进将左右两块卡铁撑开，锁住枪机。圆状弹盘是 DP 轻机枪最大的特征，它平放在枪身的上方，由上下两盘合拢构成。发射机构只能进行连发射击，有手动保险。DPM 与 DP 轻机枪没有太大差别，仍采用弹盘供弹，但是在机匣后端配有弹簧缓冲器，加装厚管壁重型枪管，并采用可长时间射击的金属弹链。

# 俄罗斯 Pecheneg 通用机枪

Pecheneg( 佩切涅格 ) 通用机枪是由俄罗斯联邦工业设计局中央研究精密机械制造局以 PK 通用机枪为蓝本研制的现代化通用机枪，发射 7.62×54R 步枪弹。

Pecheneg 与 PKM 有 80% 的零件可以通用，Pecheneg 通用机枪最主要的改进是使用了一根具有纵向散开槽的重型枪管，从而消除在枪管表面形成上升热气以及保持枪管冷却，令 Pecheneg 更准确、更可靠。此外，Pecheneg 通用机枪能够在机匣左侧的瞄准镜导轨上，安装上各种光学瞄准镜或夜视瞄准镜，以额外增加其准确性。Pecheneg 通用机枪能够持续每分钟 1000 发 / 分的实际射速，或以 40 ~ 50 发的长点射速度连续射 600 发子弹，且不会减短枪管寿命，所有枪管的寿命约 30000 发。

# 俄罗斯 Kord 重机枪

· 使用三脚架的 Kord 重机枪 ·

    Kord 重机枪是由俄罗斯狄格特亚耶夫工厂研制的 12.7 毫米口径重机枪，设计目的是为了对付轻型装甲目标。目前，Kord 重机枪已经通过了俄罗斯军队测试并正式被采用。

    Kord 重机枪在性能、构造和外观上都类似于苏联 NSV 重机枪，但内部机构已经被重新设计。这些新的设计让该枪的后坐力比 NSV 重机枪小了很多，也让其在持续射击时有更大的射击精准度。与绝大多数重机枪不同的是，Kord 重机枪新增了构造简单、可以让步兵部队更容易使用的 6T19 轻量两脚架，使 Kord 重机枪可以利用两脚架协助射击。这一点对于 12.7 毫米口径的重机枪而言是一个独特的功能。

· 使用两脚架的 Kord 重机枪 ·

# 德国 MG42 通用机枪

MG42 通用机枪是德国于 20 世纪 30 年代研制的通用机枪，被德军在二战时期大量采用，也是二战中最著名的机枪之一。

MG42 通用机枪采用枪管短后坐式工作原理，滚柱撑开式闭锁机构，击针式击发机构，发射机构只能连发射击。该枪使用德国毛瑟 98 式 7.92 毫米枪弹，射速非常快，并会发出独特的枪声，因此被各国军人取了许多绰号，如"亚麻布剪刀""希特勒的电锯"和"骨锯"等。该枪采用机械瞄准具，瞄准具由弧形表尺和准星组成，准星与照门均可折叠。MG42 通用机枪在实战中很可靠，即使在零下 40℃的环境中，依然可以保持稳定的射击速度。

# 德国 MG34 通用机枪

MG34 通用机枪是由德国毛瑟公司的海因里希·沃尔默设计，由莱茵金属公司推出的 MG30 轻机枪改良而成。MG34 通用机枪是 20 世纪 30 年代德军步兵的主要机枪，也是其坦克及车辆等的主要防空武器。

MG34 通用机枪采用枪管短后坐式工作原理，闭锁机构为机头回转式。该枪的发射机构具有单发和连发功能，扣压扳机上凹槽时为单发射击，扣压扳机下凹槽或用两个手指扣压扳机时为连发射击。该枪可用弹链直接供弹，作轻机枪使用时的弹链弹容量为 50 发，作重机枪使用时用 50 根弹链彼此连接，弹容量为 250 发。MG34 通用机枪的枪管可以快速更换，只需将机匣与枪管套间的固定锁打开，再将整个机匣旋转即可取出枪管套内的枪管。

# 德国 MG3 通用机枪

MG3 通用机枪是德国莱茵金属公司研制的弹链供弹通用机枪，以二战德国的 7.92×57 毫米 MG42 通用机枪改为北约 7.62×51 毫米口径而成。

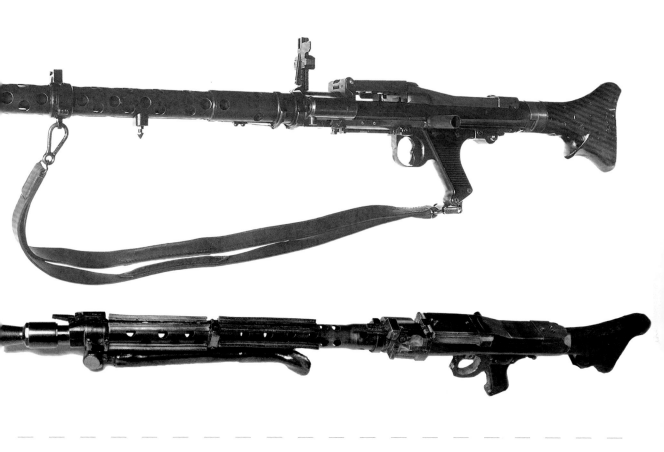

　　MG3 通用机枪以钢板压制方式生产，采用枪管后退式作用运作。该枪只能全自动发射，当开启保险制时击锤会锁定，无法释放。MG3 通用机枪的供弹位置在机匣左侧，以 DM1 不可散式弹链、M13 或 DM6 可散式弹链供弹，而在轻机枪模式时，会将 100 发弹链装进弹鼓内并装在机匣左侧。MG3 通用机枪采用可快速更换的镀铬枪管，膛线为 4 条右旋、缠距为 305 毫米。该枪的枪托以聚合物料制造，护木下方装有两脚架及采用射程可调的开放式照门，机匣顶部有一个防空用的照门。当加装三脚架作阵地固定式机枪时，会加装一个机枪用望远式瞄准镜作长程瞄准用途。

# 德国 HK 21 通用机枪

HK 21 通用机枪是由德国黑克勒－科赫公司于 1961 年以 HK G3 步枪为基础研制的通用机枪，目前仍在亚洲、非洲和拉丁美洲多个国家的军队中服役。

HK 21 通用机枪采用滚轮延迟反冲式闭锁，机械瞄具由带护圈的柱形准星和觇孔式照门组成。照门的风偏和高低可调，表尺分划 100～1200 米，分划间隔为 100 米。另外，该枪也可配用高射瞄准镜、望远式瞄准镜或夜视仪。HK 21 通用机枪除配用两脚架作轻机枪使用外，还可装在三脚架上作重机枪使用。两脚架可安装在供弹机前方或枪管护筒前端两个位置：安装在供弹机前方时，虽可增大射界，但精度有所下降，安装在枪管护筒前端时，虽射界减小，但可提高射击精度。

# 德国 MG13 轻机枪

MG13 轻机枪是德国在 M1918 水冷式轻机枪的基础上改造而来的轻机枪，它是德军在 20 世纪 30 年代的主要武器装备之一，并在二战中使用。

MG13 轻机枪的气冷式枪管可迅速更换，发射机构可进行连发射击，也可进行单发射击。MG13 轻机枪设有空仓挂机，即最后一发子弹射出后，使枪机停留在弹仓后方。MG13 轻机枪可使用 25 发弧形弹匣供弹，也可使用 75 发弹鼓，所用弹药为德国毛瑟 98 式 7.92 毫米枪弹，弹壳为无底缘瓶颈式。另外，该枪使用机械瞄准具，配有弧形表尺、折叠式片状准星和 U 形缺口式照门。

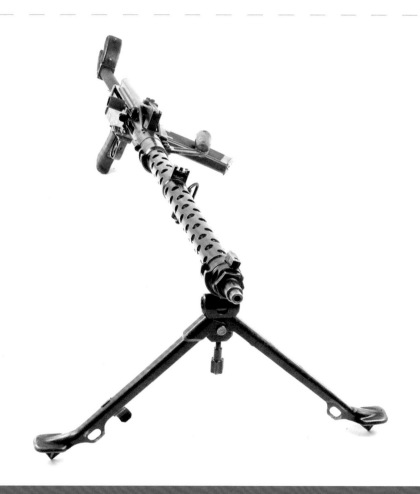

# 德国 MG30 轻机枪

MG30 轻机枪是由德国莱茵金属公司于 20 世纪 30 年代研制的轻机枪，尽管只有少量装备德军，但它开启了德国气冷式轻机枪的先河。

# 德国 HK MG4 轻机枪

HK MG4 轻机枪是德国黑克勒·科赫公司研制的毫米 5.56 毫米口径轻机枪，发射 5.56×45 毫米弹药，主要装备德国联邦国防军。目前，HK MG4 轻机枪有 3 种型号，包括 MG4( 标准型 )、MG4E( 出口型 )、MG4KE( 短枪管出口型 )。HK MG4 轻机枪还是德国"未来士兵系统"的一部分。

HK MG4 轻机枪以轻型、左右手皆可操作为设计主旨，可通过导轨加装各种战术配件，可安装三脚架以提高射击精度。HK MG4 轻机枪与 M249 轻机枪比较相似，同样采用气动式原理及转栓式枪机，但弹壳在机匣底部排出，枪托可折叠。枪匣顶部装有 MIL-STD-1913 导轨，配冷锻可快拆式枪管，其纯弹链供弹式设计需把弹箱或弹袋挂在机匣左面，空弹壳则在机匣底部排出。

MG30 轻机枪为德国后来研制出 MG15 通用机枪、MG17 航空机枪、MG34 通用机枪以及大名鼎鼎的 MG42 通用机枪打下了坚实的技术基础。MG30 轻机枪的结构简单，容易大规模生产，采用弹匣供弹，性能比较可靠。MG30 轻机枪大部分被奥地利和瑞士军队所装备，由于 MG34 通用机枪的出现，MG30 轻机枪很快便从一线部队退出，仅在二线部队中使用。

# 英国"布伦"轻机枪

　　"布伦"轻机枪是英国在二战中装备的主要轻机枪，也是二战中最好的轻机枪之一。"布伦"轻机枪的前身是由捷克斯洛伐克设计的 ZB-26 轻机枪，1933 年被英国军方选中，随后根据英国军方的要求进行改进，1938 年正式开始生产。

　　"布伦"轻机枪采用导气式工作原理，枪机偏转式闭锁方式。枪口装有喇叭状消焰器，在导气管前端有气体调节器，并设有四个调节档，每一档对应不同直径的通气孔，可以调整枪弹发射时进入导气装置的火药气体量。其拉机柄可折叠，并在拉机柄 / 供弹口、抛壳口等机匣开口处设有防尘盖。"布伦"轻机枪的口径为 7.7 毫米 ( 后改为 7.62 毫米，另外还有 7.92 毫米型 )，能够发射英军标准步枪弹，使用 20 发弹匣供弹。

# 英国 "刘易斯" 轻机枪

　　"刘易斯"轻机枪最初由塞缪尔·麦肯林设计,后来由美国陆军上校刘易斯完成研发工作。自1915年起,英国军队将"刘易斯"轻机枪作为制式轻机枪。该枪经历过两次世界大战,曾经广泛装备英联邦国家的军队。

　　"刘易斯"轻机枪有两个特征:一个是采用粗大的散热筒包着枪管,作用是在开火时将空气吸入筒中以便冷却枪管,但后来证实它的冷却效果极其有限并且会增加枪重;另一个是枪身上方的弹鼓,"刘易斯"轻机枪原本采用47发弹鼓,采用中心固定式,开火时弹鼓轴承转动把子弹推入枪内。"刘易斯"轻机枪也是最早的航空机枪之一,它成为飞机上观察员/机枪手的标准武器。作为航空机枪时,该枪通常会把原来的步枪式枪托改为铁铲式的把手,这样更方便在上下翻腾的飞机上射击目标。

# 英国 "维克斯" 中型机枪

"维克斯"中型机枪是一战与二战期间英国军队所使用的机枪，其设计优异，堪称世界著名的战争武器之一。

"维克斯"中型机枪是"马克沁"重机枪的衍生产品，基于后者成功的设计，"维克斯"中型机枪做了一系列改进。与"马克沁"重机枪相比，"维克斯"中型机枪具有重量较轻、体形较小、供弹出色等特点。其口径为7.7毫米，可以使用与英军制式步枪相同的子弹。为了避免在持续的射击中过热，"维克斯"中型机枪配备了可快速更换的枪管。一般来说，"维克斯"中型机枪连续发射约3000发子弹后，冷却筒的水就会达到沸点。"维克斯"机枪的弹链长达8.2米，这也是它最为人津津乐道的特点。

# 比利时 FN MAG 通用机枪

· FN MAG 通用机枪及其弹链 ·

　　FN MAG 通用机枪是由比利时国营赫斯塔尔工厂于 20 世纪 50 年代初期研制的一种气动式操作的通用机枪，发射 7.62×51 毫米北约标准步枪弹。FN MAG 通用机枪与俄罗斯 PK 系列一样是目前世界上最流行的通用机枪之一，并在世界各地的武装冲突中被广泛使用。

　　FN MAG 是全自动、气冷、气动式操作的通用机枪，机匣结构与勃朗宁机枪相似，为长方形冲铆件机匣，强度较好，而且机匣内部和表面均采用表面镀铬处理。FN MAG 通用机枪是由开放式链接、金属弹链从左侧的供弹口供弹。其供弹机构有两种类型：一种使用美国研制的 M13 可散式弹链；另一种则是使用德国的 DM1 不可散式弹链。FN MAG 通用机枪配备了一个固定式木制枪托、手枪握把、提把和机械瞄具，机械瞄具包括前端的刀片状准星和一个具有两种照门的可折叠叶片式表尺。

# 比利时 FN Minimi 轻机枪

· FN Minimi 轻机枪及其弹链 ·

FN Minimi 轻机枪是由比利时国营赫斯塔尔工厂设计的轻机枪，被世界多国采用为制式装备，包括著名的美国 M249 班用自动武器。

FN Minimi 轻机枪采用开膛待击的方式，增强了枪膛的散热性能，能有效防止枪弹自燃。导气箍上有一个旋转式气体调节器，是以 FN MAG 通用机枪的气体调节器为基础发展而成，有三个位置可调：一个位置为正常使用，一个位置为在复杂气象条件下使用，一个位置是发射枪榴弹时使用。FN Minimi 轻机枪采用 5.56×45 毫米子弹所制的可散式金属弹链供弹，也可以使用北约标准的 20 发或 30 发弹匣。FN Minimi 轻机枪在枪托下装有折合式两脚架，配有可快速更换及自动归零的长或短重枪管，而由于采用小口径弹药，FN Minimi 轻机枪的重量比 7.62×51 毫米口径的通用机枪轻得多，总重量仅有 7.1 千克，可靠性也更高，所以更适合作班用支援武器。

# 以色列内盖夫轻机枪

内盖夫 (NEGEV) 轻机枪是由以色列军事工业公司于 20 世纪 90 年代研制的轻机枪，1997年开始装备以色列国防军。除以色列外，希腊、印度、乌克兰、泰国和墨西哥等国家也有装备。

"内盖夫"轻机枪可靠而准确，有着轻型、紧凑及适合沙漠作战的优势，更可通过改变部件或设定来执行特别行动而不会减低火力及准确度。其空枪重 7.5千克，使用 5.56×45 毫米子弹。

· 使用"内盖夫"轻机枪的以色列士兵 ·

与 FN Minimi 轻机枪相同，"内盖夫"轻机枪可以以弹链及弹匣供弹，但弹匣口改为机匣下方，配有塑料套的两脚架及 M1913 皮卡汀尼导轨，其两脚架可充当前握把。后期改进型"内盖夫"配有独立前握把及可拆式激光瞄准器，也可装上短枪管，枪托折叠时不会阻碍弹盒。

# 瑞士富雷尔 M25 轻机枪

富雷尔 M25 轻机枪是二战期间瑞士军队的制式武器,号称"保卫阿尔卑斯山的秘密武器"。该枪以高射击精准度著称,即便在今天,它的结构设计仍值得很多设计者借鉴。

富雷尔 M25 轻机枪采用枪管短后坐式自动方式,而没有像当时的很多机枪那样采用导气式自动方式,因此降低了机件间的猛烈碰撞,抵肩射击时变得容易控制,从而提高了射击精度。单发射击时,富雷尔 M25 轻机枪的射击精准度相当于狙击步枪。该枪还装有源于"刘易斯"轻机枪的后坐缓冲机构,这种缓冲机构是富雷尔 M25 轻机枪设计成功的关键。

# 捷克斯洛伐克 ZB-26 轻机枪

ZB-26 轻机枪是捷克斯洛伐克于 20 世纪 20 年代研制的轻机枪,除了装备捷克斯洛伐克军队以外,还大量外销,伊朗、伊拉克、埃及、智利、瑞典和土耳其等十多个国家都采购了相当数量的 ZB-26 轻机枪。

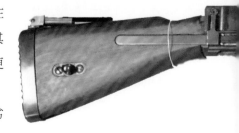

ZB-26 轻机枪的工作原理为活塞长行程导气式,采用枪机偏转式闭锁方式。ZB-26 轻机枪在外观上的最大特色是其 20 发弹匣在枪身上方,这令其瞄准基线要移向弹匣左侧,而其轮形表尺也是其外貌特征之一。ZB-26 轻机枪另一个特点是枪管过热时可快速更换,其枪管上的提把方便更换枪管,同时也方便持枪。总体来说,ZB-26 轻机枪结构简单,枪机动作可靠,在激烈的战斗中和恶劣的自然环境下也不易损坏,使用维护方便。

# 捷克 Vz.59 通用机枪

　　Vz.59 通用机枪诞生于 20 世纪 50 年代末期，并在 20 世纪 60 年代取代了 Vz.52 通用机枪。同 Vz.52 通用机枪相比，该枪简化了操作，工艺性也较好。

　　Vz.59 通用机枪采用导气式设计、开放式枪机，而其枪机容纳部下方的握柄具有枪机拉柄的功能，只要移动该握柄，便可让枪机上膛。Vz.59 通用机枪的枪管定位方式较好，便于消除枪管与机匣的间隙松动，因此射击时枪管震动幅度不大。该枪可配装轻型枪管和两脚架作班用机枪，也可配装重型枪管和两脚架作连用机枪。

# 丹麦 "麦德森" 轻机枪

　　"麦德森"(Madsen) 轻机枪是世界上第一种大规模生产的实用轻机枪，从 1905 年至 1950 年间，"麦德森" 轻机枪大量生产装备丹麦本国部队，并出口到三十多个国家，在世界各地的武装冲突中被广泛使用。

　　"麦德森" 轻机枪的自动原理比较特殊，为枪管长后坐式，枪管后退的行程较大 ( 长于枪弹长度 )，自动机往返时间也较长，因此射速较慢。闭锁机构为枪机摆动式，这种枪机是由马蒂尼步枪衍生而来的。尽管这样的结构明显很复杂，零部件也多，而枪弹的装填路线是走曲线的，看起来很容易出问题，但事实上，"麦德森" 轻机枪生产质量很高，工作起来相当可靠，故障率很低。

# 日本大正十一式轻机枪

大正十一式轻机枪是日本于20世纪20年代初研制的一种6.5毫米口径轻机枪，因日本在1922年（大正十一年）定型成为制式装备而得名。因其枪托为便于贴腮瞄准而向右弯曲，故在中国俗称"歪把子"机枪。

大正十一式轻机枪采用气动式设计，枪管上有螺纹状散热片，采用6.5×50毫米步枪弹以及标准5发弹匣，射程较远，精度较高，但枪弹威力不大。大正十一式轻机枪最为独特的是弹斗供弹原理，弹斗位于枪身左侧，可以容纳六个水平放置的5发弹匣，弹斗上方的盖子向下施加压力使最底层弹匣打完后叠在上面，新弹匣会进入输弹位置。弹斗底部的推弹装置将弹匣中的枪弹推向给弹口推弹入膛，依次反复。由于弹药装填烦琐，大正十一式轻机枪的实际射速并不能达到500发/分钟的理论射速。

# 日本九六式轻机枪

九六式轻机枪是日本在二战时期使用的轻机枪，原本是要取代较旧的大正十一式轻机枪，不过由于当时大正十一式已大量生产，因此这两种武器直到战争结束都有使用。

九六式轻机枪与大正十一式轻机枪基本相同，都采用了气冷式、导气式设计。它们之间最大的差异就是，九六式轻机枪使用的弹匣为曲形可卸式盒状弹匣，这种弹匣设计增加了九六式轻机枪的可靠性，并且减轻了该枪的重量。此外，该枪的枪管还设计有侧翼，以便在必要时迅速地更换枪管。九六式轻机枪的缺陷在于弹壳容易卡在弹膛中，从而引起故障。为了确保可靠的填弹，只好用装在弹匣装填器中的油泵为子弹上油。不过，上了油的子弹更容易粘上沙尘。

# 新加坡 CIS 50MG 重机枪

CIS 50MG 重机枪是新加坡特许工业公司于 20 世纪 80 年代后期自主研发和生产的 12.7 毫米口径重机枪。该枪可以安装在专用的 AA 型三脚架上，也可以通过适配器安装在美式 M3 三脚架上。在使用专用架座的时候，该枪还可以作为车载机枪、舰载机枪来使用。

CIS 50MG 重机枪是一种导气式重机枪，采用配有提手的快速更换枪管。该枪的导气管为左右两侧均有设置，以气体活塞操作。该枪的枪管通过螺栓固定，可以快速更换，无须调整闭锁间隙。为了减小后坐力，CIS 50MG 重机枪采用了 Ultimax 100 轻机枪的恒定后坐系统。CIS 50MG 重机枪采用 M15 可散弹链，标准弹链容弹量 100 发。由于是弹链供弹，理论上可以无限链接，保证长时间射击的需要。该枪的发射机构为拇指推压式扳机及铲形双握把，并可以通过快慢机来选择单发射击或连发射击。

# 新加坡 Ultimax 100 轻机枪

Ultimax 100 轻机枪是由新加坡技术动力公司于 20 世纪 80 年代研制的轻机枪，该枪定位为班用机枪，是新加坡军队的制式轻机枪，作为班用支援武器使用。

Ultimax 100 轻机枪采用气动、开放式枪机，发射北约 5.56×45 毫米弹药。该枪采用旋转式枪机闭锁系统，枪机前端附有微型闭锁突耳，只要产生些许旋转角度便可与枪管完成闭锁。Ultimax 100 轻机枪最特别之处是它采用恒定后坐机匣运作原理，枪机后坐行程大幅度加长，令射速和后坐力比其他轻机枪低，相对精度也较高。Ultimax 100 轻机枪以 60 发、100 发塑胶制专用弹鼓或 20 发、30 发弹匣供弹，其中弹鼓后半面呈半透明，可让使用者掌握剩余子弹数量。

·Ultimax 100 轻机枪枪机部位特写·

· 装有两脚架的 Ultimax 100 轻机枪 ·

# 韩国 K3 轻机枪

K3 轻机枪是由韩国大宇集团研制的轻机枪，也是韩国继 K1A 卡宾枪和 K2 突击步枪之后开发的第三种国产枪械，设计理念借鉴了 FN Minimi 轻机枪。

K3 轻机枪只能进行连发发射，因此发射机构十分简单，由扳机、阻铁和横闩式保险组成。与 FN Minimi 轻机枪一样，K3 轻机枪扳机底端开了一个圆孔，该圆孔上可以加装冬季用扳机，以方便冬天戴手套时扣动扳机。2007 年，K3 轻机枪参加了菲律宾轻机枪竞标，最初菲律宾军方决定采用 FN Minimi 轻机枪，但此后在群众舆论的压力下，最终向韩国购买了 2000 挺 K3 轻机枪。

CHAPTER

# 06

# 霰弹枪

霰弹枪是指无膛线并以发射霰弹为主的枪械，一般外形和大小与半自动步枪相似，但明显的区别是有较大口径和粗大的枪管。霰弹枪的火力大，杀伤面宽，是近战的高效武器，已被各国特种部队和警察部队广泛采用。

# 美国雷明顿 870 霰弹枪

　　雷明顿 870 霰弹枪是由美国雷明顿公司于 20 世纪 50 年代研制的泵动式霰弹枪，在军队、警队及民间市场颇为常见。

　　雷明顿 870 霰弹枪依照民用、警用与军用需求各有大量不同的版本，包括 Wingmaster( 抛光木制枪托 )、Express( 椴木或合成纤维护木 )、Marine( 合成纤维护木及镀镍金属零件 )、MCS( 主要用于都市战与破门袭击用途 )、Police( 椴木或合成纤维护木 ) 和 Tactical( 全黑色调，有三种不同枪托可供选择 ) 等。各种型号的枪管长度各不相同，从 356 毫米到 508 毫米不等，弹匣容弹量为 3 ～ 7 发，但都是下方供弹，侧向抛壳。雷明顿 870 霰弹枪一般采用机械瞄具，后期产品有的配用了光学瞄准镜。

· 雷明顿 870 Wingmaster 霰弹枪 ·

· 雷明顿 870 Express 霰弹枪 ·

· 雷明顿 870 Police 霰弹枪 ·

# 美国雷明顿 1100 霰弹枪

雷明顿 1100 霰弹枪是由美国雷明顿公司研制的半自动气动式霰弹枪，1963 年设计完成，直至 21 世纪仍在生产，是美国历史上销售量最高的自动装填霰弹枪，总量超过 400 万支。

雷明顿 1100 霰弹枪有 12 号、16 号、20 号等多种口径。基础型号弹仓装弹为 5 发，但执法机构的特制型号弹仓装弹为 10 发。由于其优异的设计和性能，该型霰弹枪还保持着连续射击 24000 发而不出现故障的惊人记录。直到今天，很多 20 世纪六七十年代生产的产品仍在可靠地使用中。雷明顿公司还推出了很多纪念和收藏版本，此外还有供左撇子使用者使用的 12 号和 16 号口径的型号。

·雷明顿 1100 霰弹枪的枪机部位特写·

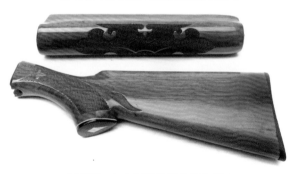

·雷明顿 1100 霰弹枪的枪托和护木·

# 美国温彻斯特 1897 霰弹枪

· 温彻斯特 1897 霰弹枪枪机部位特写 ·

　　温彻斯特 1897 霰弹枪是由美国著名枪械设计师约翰·勃朗宁设计、美国温彻斯特连发武器公司生产的泵动式霰弹枪，发射 12 号霰弹或 16 号霰弹。从 1893 年开始生产到 1957 年停产，温彻斯特 1897 霰弹枪的总产量超过了 100 万支。

　　与其前身温彻斯特 1893 相比，温彻斯特 1897 霰弹枪有着较厚重的机匣，并可以发射使用无烟火药的霰弹。该枪有许多不同的枪管长度和型号可以选择，例如，发射 12 号口径霰弹或 16 号口径霰弹，并且有坚固的枪身和可拆卸的附件。16 号口径的标准枪管长度为 711.2 毫米，而 12 号口径则配有 762 毫米的长枪管，特殊枪管长度可以缩短到 508 毫米或伸延到 914.4 毫米。

# 美国温彻斯特 1912 霰弹枪

温彻斯特 1912 霰弹枪是由美国温彻斯特连发武器公司生产的泵动式、内置式击锤设计及外部管式弹仓供弹的霰弹枪。温彻斯特 1912 霰弹枪在推出后不久就被称为"完美的连发枪"，获得广泛使用。最终导致温彻斯特 1912 霰弹枪在 1963 年停止生产的原因是生产价格太昂贵，因而大大削弱了它的竞争力。

温彻斯特 1912 霰弹枪是有史以来第一种真正成功地大量生产的内置式击锤泵动式霰弹枪。它的管式弹仓是通过枪的底部进行装填。空的霰弹壳会从机匣右方长约 62 毫米的抛壳口排出。管状弹仓可以装填 5 发 12 号口径霰弹（将膛室之内的那一发都计算在内的话就是 6 发）。当管状弹仓装上一个特殊的木制零件，管状弹仓就可以增加 2 发、3 发、4 发霰弹。

# 美国 AA-12 霰弹枪

AA-12 霰弹枪是由美国枪械设计师麦克斯韦•艾奇逊于 1972 年研制的全自动战斗霰弹枪，发射 12 号口径霰弹。

AA-12 霰弹枪的准星和照门各安装在一个钢制的三角柱上，结构简单，准星可旋转调整高低。AA-12 霰弹枪具有选射功能，能够半自动射击或以每分钟 300 发的发射速率做全自动射击。AA-12 霰弹枪使用 8 发可拆卸式弹匣供弹，也可以使用 20 发或 32 发可拆卸式弹鼓。弹匣释放按钮在扳机护圈的右侧，只要食指压下释放按钮就能取出供弹具。AA-12 霰弹枪可以使用不同种类的 12 号口径霰弹，如鹿弹、重弹头或非致命性橡胶击昏警棍弹。与许多 12 号口径霰弹枪一样，AA-12 霰弹枪也可以发射照明弹、信号弹以及特殊的高爆弹。

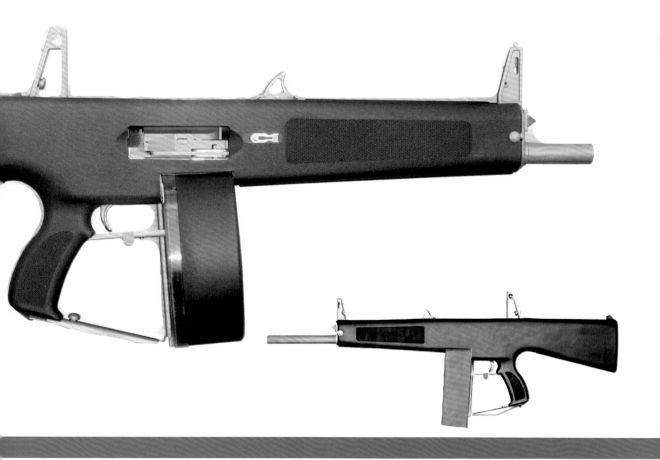

# 美国伊萨卡 37 霰弹枪

伊萨卡 37(Ithaca 37) 霰弹枪是由美国伊萨卡枪械公司研制的泵动式霰弹枪，于 1933 年开始设计，1937 年开始批量生产。

伊萨卡 37 霰弹枪的管状弹仓位于枪管下方，弹仓容量根据不同的型号从 4 发至 8 发不等。该枪采用起落式闭锁块闭锁，闭锁块位于枪机尾部，闭锁时向上进入机匣顶部的闭锁槽内。除了个别型号外，大多数伊萨卡 37 霰弹枪都配备了简单的珠形准星和木制枪托、泵动手柄。手动保险为横闩式按钮，位于扳机后方，保险贯穿枪机，起作用时不仅卡住扳机，也卡住枪机不能运动。伊萨卡 37 霰弹枪的最大特点就是由勃朗宁设计的底部抛壳系统，无论是装填弹药还是抛出弹壳都通过机匣底部的同一个开口，因此在机匣两侧都没有其他开口。由于弹壳不是从侧面抛出，加上手动保险左右手都可操作，因此该枪受到一些左撇子使用者的欢迎。

# 美国莫斯伯格 500 霰弹枪

莫斯伯格 500 霰弹枪是美国莫斯伯格父子公司专门为警察和军事部队研制的泵动式霰弹枪，于 1961 年推出，被广泛用于射击比赛、狩猎、居家自卫和实用射击运动，也被美国的许多执法机构所采用。

莫斯伯格 500 霰弹枪有四种口径，分别为 12 号的 500A 型、16 号的 500B 型、20 号的 500C 型和 0.410 的 500D 型。每种型号都有多种不同长度的枪管和弹仓、表面处理方式、枪托形状和材料。其中 12 号口径的 500A 型是应用最广泛的型号。莫斯伯格 500 霰弹枪的可靠性比较高，而且坚固耐用，加上价格合理，因此是雷明顿 870 霰弹枪的有力的竞争对手。

· 莫斯伯格 500A 霰弹枪 ·

· 装有枪管隔热罩的莫斯伯格 M590A1 霰弹枪 ·

# 美国莫斯伯格 590 霰弹枪

　　莫斯伯格 590 霰弹枪是莫斯伯格公司于 20 世纪 70 年代中期在莫斯伯格 500 霰弹枪的基础上改进而成，主要是加强了机匣和其他部件，金属表面采用磷酸盐处理。1987 年，莫斯伯格 590 霰弹枪装备美国军队。此外，荷兰海军陆战队和巴西海军陆战队也装备了莫斯伯格 590 霰弹枪。

　　莫斯伯格 590 霰弹枪实际上相当于莫斯伯格 500 霰弹枪的特殊用途型，大体上有三种类型：一种是 20 英寸枪管配 8 发弹仓，一种是 18.5 英寸枪管配 5 发弹仓，还有一种紧凑型的枪管长 16 英寸，配 5 发弹仓。如果不看机匣上的文字，要从外形上区分莫斯伯格 590 霰弹枪和莫斯伯格 500 霰弹枪是极其困难的事，因为两者外形差异很小。不过，莫斯伯格 500 霰弹枪被设计成容易更换枪管，而莫斯伯格 590 霰弹枪则设计成易于维护和更换弹仓，因此在弹仓的固定方式和前端的结构上有些不同。

# 美国 M26 模块式霰弹枪

　　M26 模块式霰弹枪系统 (M26 Modular Accessory Shot Gun System) 是一种枪管下挂式霰弹枪，主要提供给美军的 M16 突击步枪及 M4 卡宾枪系列作为战术附件，也可装上手枪握把及枪托独立使用。2008 年 5 月，M26 模块式霰弹枪开始进行批量生产，并装备在阿富汗的美军部队。

　　M26 模块式霰弹枪的设计概念来自 20 世纪 80 年代美军士兵自制的"万能钥匙"(Masterkey) 霰弹枪，也就是将截短型雷明登 870 霰弹枪下挂在 M16 突击步枪的枪管。M26 模块式霰弹枪比"万能钥匙"霰弹枪握持时更加舒适，采用可提高装填速度的可拆式弹匣供弹，有不同枪管长度的型号，手动枪机，拉机柄可选择装在左右两边，比传统的泵动霰弹枪更加方便，枪口装置可前后调，以控制霰弹的扩散幅度，提高破障效果。

· 使用 M26 模块式霰弹枪的美军士兵 ·

# 俄罗斯 KS-23 霰弹枪

KS-23 霰弹枪的研制始于 20 世纪 70 年代，当时苏联内务部要寻找一种用于控制监狱暴动的防暴武器，经过反复研究后，决定用接近 4 号口径的霰弹枪，可以把催泪弹准确地投掷至 100 ～ 150 米远，为了达到预期的精度，还决定使用线膛枪管。按照这样的要求，中央科研精密机械设备建设研究所在 1981 年设计出了 23 毫米口径的 KS-23 霰弹枪。

KS-23 采用泵动原理供弹，管状弹仓并列于枪管下方，再加上所发射的弹药和霰弹结构很相似，都是铜弹底和纸壳，所以在许多资料中都被称为霰弹枪。但该枪却采用线膛枪管，其名称 KS-23 的意思其实是"23 毫米特种卡宾枪"。目前，KS-23 系列仍然是俄罗斯执法部队所使用的防暴武器。KS-23 还有一种民用型，名为 TOZ-123，与 KS-23 原型相比，民用型改为标准的 4 号口径滑膛枪管。

# 俄罗斯 Saiga-12 霰弹枪

Saiga-12 霰弹枪是由俄罗斯伊兹马什公司在 20 世纪 90 年代早期研制，其结构和原理基于 AK 突击步枪，包括长行程活塞导气系统，两个大形闭锁突榫的回转式枪机、盒形弹匣供弹。

Saiga-12 霰弹枪有 0.410、20 号和 12 号三种口径。每种口径都至少有三种类型，分别有长枪管和固定枪托、长枪管和折叠式枪托、短枪管和折叠枪托。最后一种主要适合作为保安、警察的自卫武器，被很多俄罗斯执法人员和私人安全服务机构使用。作为一种可靠又有效的近距离狩猎或近战用霰弹枪，Saiga-12 霰弹枪的优点是比伯奈利、弗兰基及其他著名的西方霰弹枪要便宜得多。

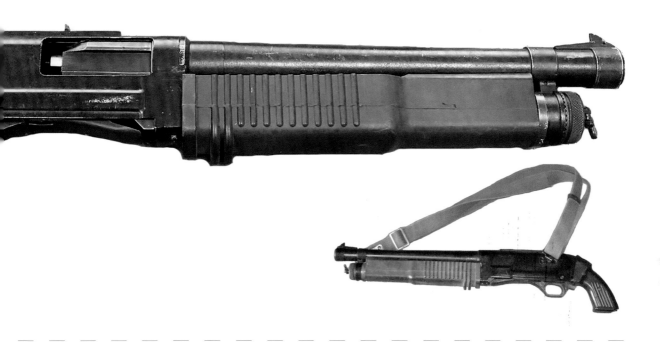

# 意大利伯奈利 Nova 霰弹枪

　　伯奈利 Nova( 新星 ) 霰弹枪是由意大利伯奈利公司在 20 世纪 90 年代后期研制的泵动霰弹枪，其流线型外表极具科幻风格。Nova 霰弹枪是伯奈利公司第一次开发的泵动霰弹枪，原本是作为民用猎枪开发的，但很快就推出了面向执法机构和军队的战术型。

　　Nova 霰弹枪采用独特的钢增强塑料机匣，机匣和枪托是整体式的单块塑料件，机匣部位内置有钢增强板。枪托内装有高效的后坐缓冲器，因此发射大威力的马格努姆弹时也只有较小的后坐力。托底板有橡胶后坐缓冲垫，也有助于控制后坐感。滑动前托也是由塑料制成，操作动作舒适并畅顺。Nova 霰弹枪仍然采用回转式枪机，有两个闭锁凸榫在枪管节套内闭锁。战术型的管状弹仓可装 6 发弹药，如果使用较短的霰弹，则能携带更多的弹药。"新星"战术型可选用缺口式瞄准具或鬼环式瞄准具，并可在机匣顶端安装可供选择的附件导轨，便于安装各种不同的瞄准镜。

# 意大利伯奈利 M1 Super 90 霰弹枪

　　伯奈利 M1 Super 90 霰弹枪是由意大利伯奈利公司在 20 世纪 80 年代中期为军队和执法机构研制的半自动霰弹枪。该枪采用惯性后坐原理实现自动装填，这是一种简单且可靠的自动原理，但缺点是不适合发射压力较低的弹药。

　　M1 Super 90 霰弹枪的基本结构为传统的双管形式，即在枪管下面并排着管状的弹仓。枪管用镍铬钼钢制成，内膛镀铬。机匣采用高强度合金制造，表面经过发暗阳极氧化处理。枪托、小握把和护木都采用防腐碳纤维材料制造。手动保险是横贯枪机的，其操作按钮在扳机护圈的前方。M1 Super 90 霰弹枪有空仓挂机功能，按压拉机柄下方的按钮可解脱空仓挂机。

# 意大利伯奈利 M2 Super 90 霰弹枪

伯奈利 M2 Super 90 霰弹枪是由意大利伯奈利公司研制的半自动霰弹枪，是伯奈利 M1 Super 90 的升级版本，发射 12 号口径霰弹或 20 号口径霰弹。

与 M1 Super 90 和 M3 Super 90 一样，M2 Super 90 霰弹枪最突出的特征是伯奈利在 20 世纪 80 年代初期研发并取得专利的后坐作用系统——惯性后坐。该系统有着可靠性高和维护容易的优点。该枪也安装了伯奈利专利的后坐减少系统，可减少 48% 的后坐力和 15% 的枪口上扬，发射速度提高了 70%。标准型 M2 Super 90 霰弹枪使用铝合金制造，拥有管式弹仓和可转换标准霰弹枪枪托或手枪握把枪托。

# 意大利伯奈利 M3 Super 90 霰弹枪

伯奈利 M3 Super 90 霰弹枪是由意大利伯奈利公司研制的一种可半自动可泵动式两用霰弹枪，发射 12 号口径霰弹。M3 Super 90 以半自动的 M1 Super 90 为基础改进而成，最多可装 7 发弹药。

M3 Super 90 霰弹枪可选择半自动或泵动运作，可靠与多用途使其受到警察部队和民间运动员的喜爱。M3 Super 90 霰弹枪有多种衍生型，包括为了令执法人员较易携带而装上折叠式枪托的 M3T，还有更短的版本。

# 意大利伯奈利 M4 Super 90 霰弹枪

伯奈利 M4 Super 90 霰弹枪是由意大利伯奈利公司研制的半自动霰弹枪，发射 12 号口径霰弹，被美军采用并命名为 M1014 战斗霰弹枪。

M4 Super 90 是半自动霰弹枪，但采用了新设计的导气式操作系统，而不是原来的惯性后坐系统。枪机仍然采用与 M1 和 M3 相同的双闭锁凸榫机头，但在枪管与弹仓之间的左右两侧以激光焊接法并排焊有两个活塞筒，每个活塞筒上都有导气孔和一个不锈钢活塞，在活塞筒的前面螺接有排气杆，排气杆上有弹簧阀，多余的火药气体通过弹簧阀逸出。M4 Super 90 霰弹枪的伸缩式枪托很特别，其贴腮板可以向右倾斜，这样可以方便使用者戴防毒面具进行贴腮瞄准。如果需要，伸缩式枪托可以在没有任何专用工具的辅助下更换成带握把的固定式枪托。

# 意大利弗兰基 SPAS-12 霰弹枪

弗兰基 SPAS-12(Special Purpose Automatic ShotGun，特殊用途自动型霰弹枪 ) 霰弹枪是由意大利弗兰基公司在 20 世纪 70 年代后期设计的一种特种用途的近战武器，最大的特点是可以选择半自动装填或传统的泵动装填方式操作，以适合不同的任务需求和弹药类型。

弗兰基 SPAS-12 霰弹枪拥有钢板压铸成型的枪管、方形设计包裹橡胶的隔热罩，加上枪管下方的护木通气孔，可以有效地隔开枪管表面的高温，令使用者能够正常操作和做出各种战术动作而不受到任何影响。弗兰基 SPAS-12 霰弹枪的枪管外部可装上各种各样的附件，包括固定枪榴弹的卡环、枪背带、收束器以及气体榴弹发射器。该枪装有折叠式钢板压铸成型枪托，还可以在其底部装上一个特别的大型挂钩，这个大型挂钩可向左或向右 90 度旋转。

# 意大利弗兰基 SPAS-15 霰弹枪

弗兰基 SPAS-15 霰弹枪是由意大利弗兰基公司研制的可半自动、可泵动的霰弹枪，发射 12 号口径霰弹。SPAS-15 针对 SPAS-12 的一些缺点进行了改进，其结构和原理很像突击步枪，在外形上也与意大利军队装备的伯莱塔 AR-70/90 突击步枪很接近。

为了提高火力，SPAS-15 霰弹枪除了保留原来的导气式操作半自动装填外，还改用可拆卸的单排盒形弹匣供弹，可卸式弹匣比起传统管状霰弹枪弹仓能提高装填速度。此外，该枪还保留了既可半自动又可改用泵动的做法，允许发射膛压较低的非致命弹药。

# 意大利伯莱塔 682 霰弹枪

伯莱塔 682 霰弹枪是由意大利伯莱塔公司设计制造的霰弹枪，包括多向、双向和豪华三种形式。在历届奥运会和国际性射击比赛中多次获奖，深受各国使用者的欢迎。

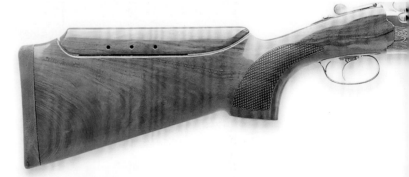

伯莱塔 682 霰弹枪结构设计合理，加工精致，工作可靠，射击精度高。该枪的机匣设计精细，褪光性能好，雅致的雕刻使漂亮的握把显得很突出，特殊的热处理工艺提高了耐磨性与耐用性，特殊的镀铬层提高了耐腐蚀性能。扳机可在三个位置调整，其行程为 8 毫米，一般可调整到大多数使用者需要的位置。该枪可配不同结构的木托和护木，且更换方便。682 霰弹枪发射 12 号霰弹，枪口部装有 3×13 毫米发光型标准准星。

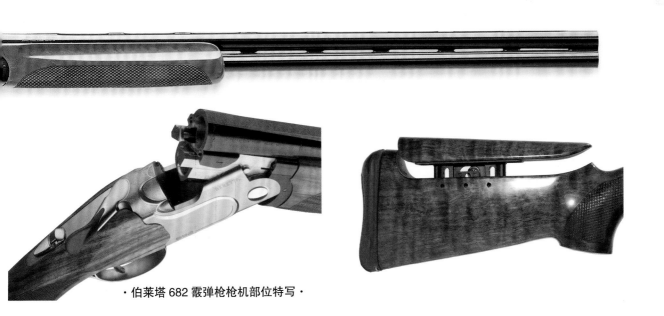

·伯莱塔 682 霰弹枪枪机部位特写·

# 比利时勃朗宁 Auto-5 霰弹枪

　　勃朗宁 Auto-5(Browning Automatic 5，简称 Auto-5 或 A-5，意为"勃朗宁 5 发霰弹枪")霰弹枪是由美国著名枪械设计师约翰·勃朗宁设计的半自动霰弹枪，可发射 12 号口径霰弹、16 号口径霰弹或 20 号口径霰弹。

·勃朗宁 Auto-5 霰弹枪及其携行箱·

# 以色列 TS12 霰弹枪

　　TS12 霰弹枪是以色列武器工业公司于 2018 年推出的半自动霰弹枪，也是该公司第一次进军战术霰弹枪市场的新品。

　　TS12 霰弹枪是一款气动式半自动霰弹枪，采用活塞导气式自动原理，气体调节器设在护手左右两侧，有大小两个导气孔，以适应不同膛压的枪弹。该枪的最大特点是供弹具由一体式的 3 个弹仓管组成，3 个弹仓管为"品"字形排列，手动旋转弹仓，将其中一个弹仓管置于枪管正下方，即由此弹仓管供弹。TS12 霰弹枪可发射 18.4 毫米口径、70 毫米和 76 毫米两种长度的 12 号霰弹，弹仓总容弹量分别为 12 发和 15 发。弹仓置于枪管下方时，3 个弹仓管尾部均伸入机匣中，从机匣左右两侧均可向弹仓装弹或卸弹，将枪弹紧贴机匣两侧的凹槽即可向弹仓装弹，按下侧面的锁扣可将霰弹退出。

Auto-5 霰弹枪是历史上第一种大规模生产的半自动霰弹枪，由约翰·勃朗宁在 1898 年设计完成并在 1900 年取得专利权。它从 1902 年开始就不断地大规模生产了近百年，并由数家枪械制造商生产，直到 1998 年才停止生产。它采用一种独特的高尾部设计，使其赢得了"驼背"(Humpback) 的绰号。Auto-5 霰弹枪顶部的枪机移动不会直接传到枪管前，这种设计可大幅减少对枪托的后坐力，提高射击速度。

· 勃朗宁 Auto-5 霰弹枪枪机部位特写 ·

# 南非"打击者"霰弹枪

　　"打击者"霰弹枪是由南非枪械设计师希尔顿·沃克于 20 世纪 80 年代研制并且由哨兵武器有限公司生产的防暴控制和战斗用途霰弹枪，发射 12 号口径霰弹。在 20 世纪 80 年代中期，这种霰弹枪曾出口到美国。

　　"打击者"霰弹枪的主要优点是弹巢容量大，相当于当时传统霰弹枪弹容量的两倍，而且具有速射能力。不过，"打击者"霰弹枪的缺点也很明显，其旋转式弹巢型弹鼓的体积过大，而且装填速度较慢。

# 韩国 USAS-12 霰弹枪

　　USAS-12 霰弹枪是由美国吉尔伯特设备有限公司在 20 世纪 80 年代设计，交由韩国大宇集团所生产的一种全自动战斗霰弹枪，韩国陆军和韩国警察都曾采用。

　　USAS-12 霰弹枪采用导气式操作原理，导气系统位于枪管上方，枪机为回转式闭锁原理，为了降低后坐力，采用枪机长行程后坐，这样也降低了该枪全自动时的射速。USAS-12 霰弹枪发射 12 号口径霰弹，使用大容量弹匣或弹鼓供弹，容弹量分别为 10 发和 20 发，这两种供弹具均由聚合物制成，其中弹鼓的背板为半透明材料，可让使用者观察剩余弹数。USAS-12 霰弹枪的缺点是很笨重，虽然这样的重量有助于抵消部分后坐力。

# 参考文献

[1] 查克·威尔斯. 世界枪械历史图鉴 [M]. 北京：人民邮电出版社，2014.

[2] 西风. 步枪、突击步枪、狙击步枪 [M]. 北京：中国市场出版社，2012.

[3] 黎贯宇. 世界名枪全鉴 [M]. 北京：机械工业出版社，2013.

[4] 床井雅美. 现代军用枪械百科图典 [M]. 北京：人民邮电出版社，2012.